师说心语

心理教师给高中家长的50个建议

许爱红　主编

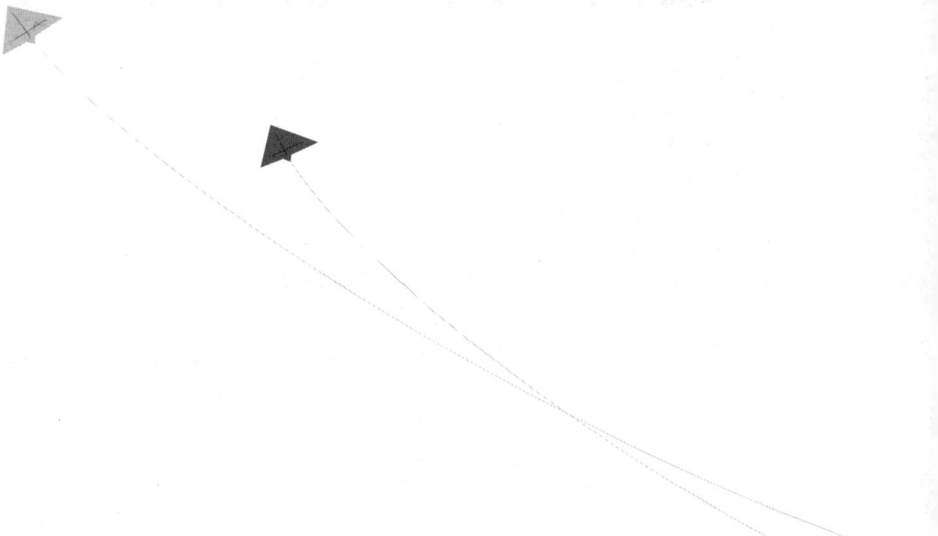

华东师范大学出版社
·上海·

图书在版编目(CIP)数据

师说心语:心理教师给高中家长的50个建议/许爱红主编.—上海:华东师范大学出版社,2025.
ISBN 978-7-5760-5799-7

Ⅰ.G444

中国国家版本馆CIP数据核字第2025W5Y690号

师说心语:心理教师给高中家长的50个建议

主　　编　许爱红
责任编辑　彭呈军
特约审读　冯　春
责任校对　郭　琳　时东明
装帧设计　刘怡霖

出版发行　华东师范大学出版社
社　　址　上海市中山北路3663号　邮编 200062
网　　址　www.ecnupress.com.cn
电　　话　021-60821666　行政传真 021-62572105
客服电话　021-62865537　门市(邮购)电话 021-62869887
地　　址　上海市中山北路3663号华东师范大学校内先锋路口
网　　店　http://hdsdcbs.tmall.com

印 刷 者　浙江临安曙光印务有限公司
开　　本　787毫米×1092毫米　1/16
印　　张　14.25
字　　数　221千字
版　　次　2025年7月第1版
印　　次　2025年7月第1次
书　　号　ISBN 978-7-5760-5799-7
定　　价　58.00元

出 版 人　王　焰

编写委员会

主　编：许爱红

副主编：成国萍　曹修凤　刘凌云

编　委：李治权　李秋梅　李宗美　王　燕　张　静　焦　铭
刘继东　孙淑晶　张　华　王克伟　许　斐　李金芝

本书为山东省基础教育教学改革重点

项目成果(项目编号:3700026)

前言

“家庭是孩子的第一所学校，父母是孩子的第一任老师。”相信很多家长都对这句话非常认同，也正努力通过自身的学习，托起孩子健康幸福的未来。

随着学校家庭社会协同育人工作的推进，与家长沟通学生的发展状况成为高中心理教师的工作日常。在跟家长沟通的过程中，老师们常常感受到家长的用心用情用力，但同时，也能明显觉察到许多家长面临的压力与困惑。确实，高中阶段的学生常常面临青春期身心快速发展和学业广度难度增加带来的双重压力，他们似乎既自信又敏感，既成熟又稚嫩，既聪明又偏激……这给家长的陪伴增加了难度。因此，老师们想用自己的专业知识和实践经验，写一本真正能够帮助家长的书，能够降低家长育子焦虑、科学陪伴孩子有效成长的书。

在面向高中家长征集到的 2 826 个困惑问题的基础上，经过梳理、筛选、整合，老师们最终确定了最有代表性的 50 个问题，并将这些问题分类整理成八个篇章，分别是自我认知篇、情绪调节篇、学习管理篇、人际关系篇、生涯指导篇、生活与社会适应篇、亲子关系篇、家庭建设篇。与此同时，为了汇聚集体智慧，同时让家长们看到孩子们某些行为的普遍性，我们还特意征集了家长们对于这些问题的看法和建议。

书中对每个家长困惑的解析都分为三部分：困惑打卡、家长心声和师说心语。“困惑打卡”展示了家长们面临的典型困惑，“家长心声”分享了其他家长的感受和想法，“师说心语”则提供了心理教师的专业见解和相关建议。

本书由山东省高中心理特级教师工作坊的核心成员集体撰写而成。2021

年9月，来自全省各市的15名工作坊成员齐聚岛城，共同开启了一段学习成长与蜕变之旅。在书稿的撰写过程中，老师们多是利用业余时间，通过线上会议进行深入研讨，广泛征集家长的问题、细致梳理归类、撰写样章初稿、相互修正和反复修改润色，投入了极大的热情和巨大的精力。

特别值得一提的是，荣成市教科研中心的正高级心理教师关蔚老师，虽然不是工作坊的正式成员，却为本书的撰写倾注了大量心血，提供了宝贵的经验和无私的帮助。青岛五十八中的正高级教师王克伟老师，作为工作坊中的"老大哥"，以其宽厚的人格魅力和严谨的专业精神，为团队树立了良好的榜样。华东师范大学出版社教育心理分社社长彭呈军先生，在本书的策划与撰写过程中发挥了不可或缺的作用，他不仅对选题提出了极具价值的建议，还用极大的耐心和信任，对内容撰写给予了具体的指导。

本书是深入了解高中生复杂而丰富的内心世界的一把钥匙，也是一线心理教师用爱心与智慧，为广大家长精心编制的"陪伴指南"。期待读者朋友能够真正从该书中汲取智慧和力量，成为自家孩子成长的助力者与欣赏者。

尽管编写团队已尽力确保本书内容的准确性和实用性，但由于能力所限，书中仍难免有不尽如人意之处。我们真诚地欢迎读者朋友提出批评和建议，以便我们能够不断改进和完善。

许爱红

2025年元旦于济南

目录

自我认知篇

01. 孩子过分在意他人评价，怎么办？

02. 孩子性格内向不愿意表达，怎么办？

03. 孩子过分在意自己的形象，怎么办？

04. 孩子听不进他人意见，怎么办？

05. 孩子比较叛逆，怎么办？

06. 孩子总想“躺平”，怎么办？

07. 孩子感觉别人总在关注他，怎么办？

01 孩子过分在意他人评价，怎么办？

困惑打卡

孩子对他人的评价特别敏感，每次听到老师和同学对他的评价都特别在意，会反复询问“他们为什么会这样评价我？”他会因为老师和同学的一句话长时间的心情烦躁、郁闷、纠结，情绪低落。作为家长，当孩子过分在意老师和同学的评价时，我该怎么办呢？

家长心声

家长 A：最近孩子和我交流时，总会提到特别在意老师和同学对他的态度和评价。比如听同学说他是个“很冷”的人时，他就会想上半天，一直纠结同学怎么这样评价他，因为同学有困难时他都很热情地帮忙。质疑“同学这样评价我，我是不是哪里做得不够好？”同时还一直吐槽“这样活着太累了！”总之，从孩子的话语中我感觉他对老师和同学的评价特别敏感，特别在意他们的看法和评价，而且这种在意已经影响到了他的学习与生活。对此我非常着急，但又不知道怎样做才能帮到他？

家长 B：我的孩子有段时间也有过这样的困扰，我留意到他的这种情况后，也时常劝他几句，但似乎并不管用。当时我也很着急，但也没有什么更好的办法帮到他。在和其他家长交流时，无意中发现很多孩子都有类似情况，也有专家讲这是孩子发展的一个阶段性现象，我就不那么焦虑了。虽然我不能给孩子有效的指导，但我能耐心地听他诉说、吐槽，尽可能地包容他的小情绪。一段时间后，反而是他自己想通了，还说“我走我的路，让别人说去吧”。

高中阶段是孩子成长发育和认识自我的重要阶段，孩子的心理、生理都在发生着巨大的变化，特别是自我意识迅速发展，让他们更迫切地想了解自己、认识自己。他们一般是通过自我观察与反思、他人评价、同伴比较、社会标准、正式评估等方式来认识和了解自我，其中他们最常用的是借助他人对自己的评价来进一步认识和了解自我。所以，他们对老师和同学的评价会特别敏感。比如，老师和同学一句肯定的评价，他们可能一整天都会处在兴奋和幸福的情绪状态中，精神十足，认为自己是个“了不起”的人；若偶尔听到老师和同学随口的一句“你咋这么笨”等否定性评价，哪怕是一句调侃的话，都会引发强烈的情绪反应，甚至对自己的能力产生怀疑。这是很正常的心理反应，是因为这个时期的孩子都是非常敏感、非常在意他人的看法的，也是他们希望自己变得更好的表现。但是，如果孩子过分在意他人的评价，患得患失，长期下去也会带来很多心理困扰，严重的甚至还会影响未来的发展。

那么当孩子过分在意他人评价时，家长可以怎么做呢？

1. 接纳并正视孩子的问题

家长要意识到，当孩子因老师和同学的评价而产生情绪内耗时，如果家长不仅不理解孩子，还进行否定和指责，那么孩子可能就会变得更加烦躁、生气、愤怒，甚至不再和家长诉说和表达自己的情绪、感受。

因此当孩子过分在意他人评价时，要多和孩子沟通交流。

首先是倾听，就是让孩子把话说出来，说一说自己为什么那么在意自己或他人的看法。家长可以静静地陪伴孩子，耐心倾听，共情孩子的情绪和感受。比如，家长可以这样回应孩子“你经常和他分享好吃的，他还这样说你，你是不是感到特别伤心啊？”当我们“看见”孩子的情绪时，孩子就会感受到被理解和被接纳，他的情绪就会得到缓解和释放，从而让孩子慢慢平静下来。家长能做到“共情”、做到接纳，其实就是对孩子最大的情感支持。

其次是理解，就是站在孩子的角度换位思考，理解正视孩子的问题。当发现孩子过分在意他人评价时，家长一定不要否认孩子倾诉的这些事实，而是积极和他讨论，寻找解决办法，或者接受现实。家长要知道孩子正面临“自我统整与角色混乱”的发展危机，相较其他发展阶段，他们会更在乎老师和同学的评价，往往希望能得到正面的评价，别人的积极评价能够使他们感觉良好，增强他们对自己积极的自我认识。但他们往往还没有足够的意识和能力对他人的评价进行鉴别，别人的一句消极评价又会使他们闷闷不乐，心情跌落谷底。家长可以和孩子平心静气地分析别人的评价，给予正向引导。比如，对于不符合自己孩子的评价，家长可以和孩子说“同学说你小气是不客观的，你可不是这样的孩子，你从小就喜欢和别人分享好的东西，也许是他随口一说，对于这样的评价，我们就可以左耳朵进右耳朵出……”当然，如果别人的评价符合自己的孩子，家长就可以引导孩子接纳别人的评价，努力改变自己能改变的，相信每个孩子都是解决自己问题的专家。

再次是引导，就是把孩子的想法和看法引向正确的方向。引导孩子正确地看待自己。当孩子听到别人的话而伤心难过的时候，父母就要引导孩子，用事实来证明，别人的话是否正确，如果是正确的话，就教孩子改掉这个毛病，如果是错误的话，就不必理会这些话语，要教孩子，别人根本不了解你，所以他们的话未必是真的正确的，不必与之有过多的交流。

2. 引导孩子正确对待他人的评价

他人对自己的态度和评价，是一个人全面认识自我的一面特殊的镜子。面对这样的“镜子”，家长可以帮助孩子学会接受客观的评价。孩子来到这个世界上，注定不是单独的一个人，与家人、老师、同学、邻居、朋友甚至是陌生人交往，每天都会面临来自他人的评价。他人评价有客观评价和非客观评价之分。因此要教会孩子独立思考，有选择地接受。这和我们对他人的认识和评价不一定都客观是一样的，别人对我们的认识和评价也不一定都是客观的。

当听到他人对自己的评价时，要好好想想，别人的评价到底客观不客观，既不要盲目全盘接受，也不要完全不理不睬；当得到他人积极评价时，引导孩子保持平常心，可以想想自己做的哪些事正好验证了别人的积极评价，肯定自己优秀的一面；当得到他人消极评价时，引导孩子静心反思这个评价是否真的符合自己。若符合自己，就可以通过别人的评价了解自己可能存在的不足之处，明确今后改进的方向；若不符合自己，就可以忽略。有则改之、无则加勉。如果可以，家长可以帮助孩子用列表的方式将他人的评价罗列下来，逐一审视，客观分析，这样便不容易被别人的评价所左右，由此产生的烦恼自然也会消除。

3. 给予孩子多些正面积极的评价，少些负面消极的评价

进入高中后，孩子会更加敏感，更容易受到外界的影响而怀疑自己、否定自己。家庭是孩子自我评价的基础，家长对孩子的评价直接影响孩子自我评价的构建。因此，家长需要给予自我评价较低的孩子更多的鼓励和肯定。当孩子遭遇挫折时，家长可以给予孩子情感上的支持和温暖；当孩子心情不好时，接纳孩子的负面情绪，默默地陪伴孩子；当孩子失败时，给孩子肯定和鼓励，让孩子感觉到自己是有价值的，从而提高孩子的自我评价。同时，对于孩子的优点和长处，家长要善于发现，积极表达，不断肯定他的闪光点，这样，孩子才能逐步建立自信心。当孩子自信心足够强大的时候，才能更加客观地看待周围人的看法和评价。

很多家长往往会对自己的孩子说“你看人家谁谁谁”之类的话，拿自己孩子的短处和别人家孩子的长处比，这是最伤害孩子的消极评价。如果家长经常性地给予孩子消极的评价，很有可能会导致孩子不能正确地认识自我，往往会使得他们对自己的评价过低，看不到自己的闪光点，甚至对自己的能力产生怀疑，时间久了，孩子可能就会破罐子破摔，影响孩子对于未来发展的信心和希望。

另外，家长对孩子的评价要尽量保持一致性，不因孩子一次的成功或者失败就肯定或否定孩子的一切；评价时还要注意尽量“对事不对人”。比如，孩子在考试中取得了好成绩，可以表扬孩子“你这次非常努力，考得不错”，而不是对孩子说“你真聪明，考得真好”，这样会引导孩子更加合理地认识自己和评价自己。

02 孩子性格内向不愿意表达，怎么办？

困惑打卡

孩子性格比较内向，不愿意说话，喜欢独来独往，很少和我们沟通交流，对家庭活动也缺乏兴趣，喜欢将自己关在房间里不出来，沉迷于自己的小世界中。作为家长，怎样做才能改变这样的现状呢？

家长心声

家长 A：我孩子性格比较内向，不愿意说话，害怕与人沟通交流，在家和我们交流也很少，不爱多说话。之前我觉得只要孩子人品好，性格内向一点没什么，想表达时就表达，不想表达时沉浸在自己的世界里也挺好的。但现在我有点担心了，怕孩子这样发展下去会让他不能很好地适应社会、融入社会。我非常着急，不知道怎样做才能帮到他？

家长 B：我家孩子性格也非常内向，刚开始我也很焦虑，不知道怎么办才好，后来我想通了，光焦虑是没有用的，得想办法积极地去应对才行。在没有找到切实的解决办法前，我就积极去调整自己，努力地接纳他的这个特点。慢慢地我发现他虽然性格内向，不愿说话，但是他善于独立思考，做事专注投入。性格内向有利有弊，当我不再焦虑时，反而能主动与孩子互动，及时肯定和鼓励孩子。一段时间后，孩子也慢慢发生了变化，在家和我们的交流明显增多了，这让我非常开心。

师说心语

家长对孩子性格内向，不愿意表达感到担忧，说明家长不再只关心孩子的学习，也非常关心孩子健康人格的养成，是尽职尽责的家长。性格是一个人对待现实的稳定的态度，以及与这种态度相应的、习惯化了的行为方式中表现出来的人格特征。它是在社会生活实践中逐渐形成的，一经形成便比较稳定，它会在不同的时间、不同的地点表现出来。

瑞士心理学家荣格按照心理活动更多地倾向于外部或是内部，将性格分为外向型、内向型和中间型。外向型的人更关注外部世界，开朗活泼，善于交际；内向型的人更关注内心世界，沉静、谨慎、交际面窄；中间型的人兼有内向和外向的特点。

性格没有好坏之分，每种类型都有其独特的优点和不足之处。下表是对内向型、外向型性格作的简单对比。

性格类型	优　　势	不足之处
内向	好沉思，分析能力强；谨慎，安静，情感细腻，更为细心和体贴；专注力强，不易被外界干扰；爱独处，善于自我反思和内省。	社交能力较弱，较为拘谨，不善于主动与人交流；比较敏感，容易受他人影响，产生情绪波动。
外向	活泼开朗，不拘小节，社交能力强，善于与人交往；情感外露，自信乐观；独立，果断，容易适应环境的变化；善于表达，沟通能力强。	好冲动，缺乏深思熟虑；容易忽视细节；做事持久性不强，缺乏稳定性。

因此，不必过于纠结孩子当下所表现出的性格特点，而且性格虽具有一定的稳定性，但并不是一成不变的。家长完全可以根据孩子的性格特点，扬长补短，有意识地帮助孩子做些训练和改变。

面对这样的困惑，家长可以怎么做呢？

1. 多接纳孩子

有些家长常常为自己的孩子内向、过于敏感而担忧，其实这种担忧是不必要的。性格内向并不是一种缺陷，而是一种性格特点。内向的孩子可能更善于思考，更注重细节，他们可能在某些方面表现得更加出色。所以，家长可以放下对内向性格的偏见，以包容的态度去接纳他们。比如家长可以给予他们足够的私人空间和时间。内向的孩子可能更喜欢独处，这是他们充电、思考的方式。家长不要强迫他们参与过多的社交活动，而是要尊重他们的选择，给他们一个安静的环境，让他们按照自己的节奏成长。而且，性格内向的孩子可能在某些领域有着独特的天赋和兴趣。家长可以关注孩子的兴趣点，为他们提供合适的学习资源和机会，让他们在自己喜欢的领域得到成长和进步。

2. 多倾听孩子

倾听有时候比说教更有效。如果孩子想和家长交流时，家长一边忙碌自己的事情，一边用“嗯嗯”这种敷衍的方式回应孩子，那么时间久了，孩子就会拒绝和家长有更多的交流。孩子有时候会和家长说一些班级同学的趣事，这时家长可以放下手里正在忙碌的事情，认真专注地倾听孩子，并给予积极主动回应，比如追问孩子：“你是怎么做到的？后来怎么样了……”让孩子感受到你在认真倾听他说话，孩子就会愿意和家长多交流多分享。

3. 多鼓励孩子

性格内向的孩子不愿意表达，喜欢把事情放在心里。家长可以尊重孩子选择的权利，鼓励孩子多尝试学习一些兴趣爱好，去做自己喜欢的事；抓住机会积极和孩子交流，从身边小事入手，交流孩子的所思所想，鼓励孩子勇敢表达内心的感受和想法，并和孩子同感共情，拉近彼此之间的距离。这样有助于增强孩子的自信心，也能让家长更深入地了解孩子的需求，让他们感受到家长的支持和鼓励。

4. 多提供锻炼机会

如果家长想帮助孩子改善性格过于内向的特点，就可以多给孩子提供适当的锻炼机会。

首先家长可以身体力行，营造一个良好的家庭沟通氛围，让孩子感受到家庭的温暖和谐。其次，家长可以尽可能多地提供交往的机会，如安排一家人经常在一起吃饭，在餐桌上更好地交流。利用周末的时间，一家人走出去开展户外活动，在活动中畅快地沟通交流。再次，家长可以多带孩子去外面的世界看看，领略不同的风土人情，鼓励孩子多参加一些与他人接触的活动，多与他人沟通交流，培养交往能力，增强其自信心。最后，家长可以鼓励孩子多参加班级活动，引导孩子主动与他人交往，锻炼孩子对社交场合的适应力和与他人相处的能力。当孩子的同学和朋友来家做客时，家长以礼相待，不给予过多限制和干涉，尽可能地维护孩子的自尊心。

03 孩子过分在意自己的形象，怎么办？

困惑打卡

孩子上高中后，特别爱打扮，尤其爱照镜子，不论时间、地点，看到镜子就照，书包里还放小镜子。孩子越来越关注自己的外貌，特别在意自己的外观形象，把过多的时间和精力都用在关注自己的形象上，严重影响了学习和生活。作为家长，不知道该怎样引导孩子改变这种情况？

家长心声

家长 A：我家孩子自从高一下学期开始，每天晚自习回家都要洗澡，每天早上爱在镜子前照来照去，眼看就要迟到了，却还没准备好，让我特别着急。他上学期间都穿校服，但是他看见喜欢的鞋子和衣服就要买。每天因为打扮，我们俩没少闹矛盾。

家长 B：我家孩子上高中后也非常在意自己的外观形象。她不仅爱打扮，还总是对自己的外貌不满意，不是嫌自己个子矮，就是嫌自己眼睛小、不漂亮。她每天在这些事情上纠结，经常心情不好，心思不用在学习上，导致学习成绩下滑。我也是很着急。

师说心语

孩子出现这样的问题是由于自我审美观或者审美能力的偏差，导致对自我体像失望而引起的“体像烦恼”，这是每个处于青春期的孩子几乎都会经历的，是很正常的现象。

那么，家长在发现孩子出现这些行为表现时，应该怎样面对呢？

1. 了解孩子过分关注自己外观形象的原因，做到心中有数、有的放矢

首先，孩子之所以会产生“体像烦恼”，是因为孩子在未发育以前，心中就已经有了一个理想的外观形象。而这个理想的外观形象多是以崇拜的明星等为参照的。进入青春期后，随着身体外形的巨变，一旦发现自己的外观形象与心中的理想型相差太多或根本不相符时，心理上就会产生各种各样的焦虑和苦恼，体像烦恼就随之出现。此时孩子的言行举止就会表现得过于关注在意自己的外观形象，试图通过一些改变让自己的外观形象尽可能符合心中的理想型。

其次，随着自我意识的增强和人际社交圈的变化，孩子更加注重自己在同学、朋友中的评价和地位。有的孩子可能会选择通过打扮、化妆等方式来提升自己的形象，以吸引更多人的注意和认可。

此外，社交媒体和网络文化的普及也对高中生的形象意识产生了影响。再加上孩子的认知水平有限，对信息的判断能力较弱，很容易受到外部因素的影响而诱发“体像烦恼”。例如，孩子经常拿自己的身体形象和身边体形匀称、相貌姣好的同伴或者媒体宣传的明星形象作比较，这样更加剧了对自己外观形象的过分关注。

当然，过分在意外观形象也可能与个人的性格特质、家庭环境、社会期望等因素有关。例如，一些孩子可能受到家庭或社会的影响，认为外貌和形象是评价一个人的重要标准，从而过分追求外在的表现。

2. 接纳孩子过分关注自己外在形象的行为，保持平常心态、理性对待

高中生正处在身体和心理快速发展的阶段，外表的变化会让他们对自己的价值和能力产生新的认识，因此外观形象是高中生自我认识的重要成分。

有调查结果显示，体像烦恼在青少年的各种烦恼中占有很高的比例。在中国的青少年中，41.6%的人整体上对自己的身体不满意。其中，女生占65.7%，男生占34.3%，这些比例都远高于成年人。孩子对自己的外观形象不满意的现象在高中阶段尤其明显。但这只是孩子在这一时期的阶段性表现。当孩子的生理我、心理我和社会我整合起来，协调一致时，这个问题自然而然就解决了。因此家长不用过分担心和焦虑，这是孩子自我认识的第一步，也是他们追求自我完善的开始。

为此，家长可以尝试着接纳孩子对自己外观形象的过分关注，调整自己烦躁、焦虑、无奈的心态，以平常心态理性对待。如有可能，你还可以主动地给孩子提供力所能及的实质性帮助，比如帮爱洗头的孩子购买他想要的洗发水，给每天洗澡的孩子在放学前准备好热水……这样在增进亲子互动的过程中，可能会让这件事情的处理出现转机。

3. 引导孩子调整关注自己外观形象的视角，做到潜移默化、示范引领

首先，引导孩子正视自己的外观形象特点。告诉孩子无论高矮胖瘦，都要泰然处之，不要与他人相比；一个人的外观形象是天生的，是无法选择的，但内在的东西却是可以自己塑造的。它比外观形象美更宝贵、更高级、更有社会价值。

其次，鼓励孩子努力发现自己的独特之美。告诉孩子独特就是美，独特就是才，要努力挖掘和发现自己的与众不同之处；不要浪费时间担忧自己不可能改变的事实。

第三，教育孩子通过提高、完善自己的内在素质而使自己真正美丽。告诉孩子一个内在美的人以及由它产生的一切行为美才是最高尚的美。而内在美不是天生的，而是修养得来的。人不是因为美丽而可爱，而是因为可爱而美丽。

如果家长在这些方面下足功夫，那孩子就会进入一个崇高的境界。

另外，家长可以抓住跟孩子一起散步、吃饭、看电视电影等各种休闲的机会与孩子交流，帮助孩子发现独有的、与众不同的、充满魅力的内在品质，比如，“你很幽默”，“你非常努力地做你喜欢的事情”，“你很会懂得照顾别人”，如果家长经常这样做，自然而然就会慢慢淡化外观形象对孩子的影响。

当然，家长也可以适度地帮助孩子做一些小小的改变，提高孩子对自己外观形象的满意度。比如，提醒孩子走路时抬头挺胸、快步走……让孩子明显看到自己的外观变化，提高自信心。

04 孩子听不进他人意见，怎么办？

困惑打卡

孩子升入高中后，什么事都想自己做主。遇事喜欢自己做决定，很少能听进别人的意见，更不要说是家长的意见和建议了。家长和他说什么都当耳边风，有时孩子的想法和做法明明是不合理的、行不通的，他也听不进家长的意见和建议。对此家长感到非常无奈，不知道该怎样办？

家长心声

家长 A：最近孩子总是不听我的意见和建议，有时我觉得他在一些事情上的想法和做法很幼稚、不成熟，怕他吃亏，走弯路，特别想让他按照我的想法和建议去做，可他就是听不进去，完全不认可我的主见。对此我非常着急，不知道怎样才能让他听进我的意见和建议。

家长 B：去年我也有过和你一样的经历，我越是想让孩子按我的想法去做，他越是不那样做。即使有时孩子也知道他的做法是错的，他也不听，气得我没办法。后来，他爸爸想开了，认为孩子有主见未必是一件坏事，让他按照自己的想法去做，后果可能会让他吃到苦果，那就让他先吃亏，吃一堑，才会长一智。毕竟，他长大了也要自我承担责任。于是，我们在小事上不过多干涉，让他自己去做选择。我们放手了，他反而会经常征求我们的意见和建议了。

师说心语

很多家长都有这样的感觉，觉得孩子"越大越不听话"，很多时候还专门和家长对着干。那么，作为家长该如何应对呢？

1. 理清原因，有效应对

首先，与孩子的自身发展有关。一是随着逻辑思维能力的发展，孩子不再是不加分析地完全相信家长的观点了，而是开始质疑家长的观点。他们觉得家长的意见和建议与自己的观念、想法不同，过于传统、难以理解，甚至有些落伍，跟不上时代发展，因此对家长的意见和建议产生抵触情绪；二是随着认知能力和解决问题能力的不断提高，孩子追求独立自主的愿望尤其强烈，他们不愿事事依靠家长，而是希望能够独立自主地做出决定。因此他们变得特别有主见，听不进大人的话，渴望自己做主，喜欢自己做决定。当然，听不进家长的意见和建议，原因也可能是孩子盲目自信，认为自己可以独立；或者逃避自卑，假想的一种优越感的存在。

其次，与家长的教育观念有关。一是担心孩子做不正确的选择。有些家长认为自己年龄大，经验丰富，怕孩子没经验而犯错误、走弯路，所以习惯替孩子做决定，总想让孩子按照他们的想法去做，不放心让孩子自己去选择，要求孩子什么都听他们的。如果家长一味地把他们置于"孩子"的地位，想当然地在精神和行为方面予以"保护"，导致的最终结果就是家长越想让孩子按照他们的想法去做，孩子越不那样去做。即使家长的意见是对的，孩子也不听；二是与孩子的沟通态度和方式强硬，也让孩子抗拒，听不进家长的意见和建议。

2. 尊重孩子，耐心倾听

当孩子听不进意见和建议时，家长可以先保持冷静，耐心倾听孩子的想法，尊重孩子的感受，尝试站在孩子的角度去理解他们，用接纳的态度、温和的语气与他们进行沟通交流，不要总是高高在上。如果家长总是指责孩子，比如："你怎么这么不听话"，"你怎么这么不懂事"，"你怎么总是屡教不改"……这样的指责只会让孩子闭上耳朵，抵触所有来自家长的意见和建议。

当然，智慧的家长也会有对孩子不放心的时候，也会有与孩子产生正面冲突的时候，但他们不会一意孤行，往往会在冷静客观地了解孩子的真实想法后，尊重孩子的意愿，和孩子平等地沟通交流。如果还做不到，就先让自己冷静下来，等理智恢复后，再找合适的机会与孩子沟通，尽量让孩子采纳自己的意见和建议。

3. 了解孩子，融洽关系

家长可以深入了解孩子的兴趣和需要，尝试了解孩子的世界，找到共同话题，建立融洽的亲子关系，孩子才会更愿意听取家长的意见和建议。同时，家长可以尝试用具体、生动的例子来阐述自己的观点，让孩子更容易理解和接受。当然，家长提意见和建议时，要考虑到孩子的年龄特点和心理接受程度，确保建议的可行性和有效性。

4. 精准指导，学会放手

孩子有主见是一件好事，家长可以给孩子一定的自主权和决策权，在小事上不过多干涉，让孩子自己去做选择，让他们学会独立思考和解决问题。若孩子成功了，家长要及时给予鼓励；若孩子失败了，家长要心平气和地和孩子交流，此时家长的意见和建议就要适时提出来，并告诉孩子遇到自己不确定的问题时，可以多听取别人的建议，这样失败的几率就会小很多。而不是埋怨孩子，“你非不听我说的，你看不行了吧”，“不听老人言，吃亏在眼前”……这样只会导致孩子更听不进家长的意见和建议了。

如果家长想让盲目自信的孩子听进意见和建议，那么得想办法巧妙应对。如果遇到孩子对一件事过于盲目自信，家长可以预先对这件事可能带来的后果做个评估，结果在可控范围内，就放手让孩子按照自己的想法去做，让孩子吃些苦头，受点失败打击，只有这样孩子才会知道家长建议的重要，再遇事就不会听不进家长的意见和建议，可能还会主动求助家长，让家长给提些意见和建议。

5. 共同成长，优质陪伴

孩子的年龄在增长，身心也在不断地成长和发展，家长要紧跟孩子成长的脚步，调整家庭教育的方式和策略，和孩子一起成长。因此，家长要主动学习心理学知识和家庭教育规律以及孩子的身心发展规律，及时调整自己的教育观念。另外，家长在日常生活中，要多关注孩子的真实需求，结合孩子的需求陪伴孩子，让每一次陪伴都是有效的优质陪伴。比如和孩子爬山、徒步，一起参加一些有意义的活动，让亲子间的能量能够正向地流动。这些方法可以很好地促进亲子关系，亲子关系变好，孩子与家长的交流通道自然就顺畅了，家长的意见和建议自然就会被孩子接纳。

05 孩子比较叛逆，怎么办?

困惑打卡

孩子上高中后“突然像变了个人一样，真难管”。以前温顺听话，家长说什么听什么。现在经常故意跟家长对着干，在家也不愿意和家长说话，家长说点什么，他们就觉得很烦，嫌弃家长啰嗦，经常跟家长吵架或发脾气，不喜欢和家长待在一起，喜欢在自己的房间里独处……孩子变得如此叛逆怎么办呢?

家长心声

家长 A：我家孩子小时候很乖巧，我说让他干什么，他就立马去做。但从他上高中后就变得越来越不服管教，非常叛逆，敢违抗我了，我说东，他偏往西，感觉他处处跟我对着干！冬天那么冷，我让他多穿件衣服，结果他只穿件单裤就上学去了；学校里让学生选科走班时，我们让他选理科，将来好报志愿，好找工作，结果他偏要报文科……无论大事小事，这样对着干的事情太多了。孩子这么叛逆，我和他爸爸感到很头疼，真不知如何是好。

家长 B：我家孩子在初二时就开始叛逆，经常发脾气，和我们对着干，当时我们也是非常着急、生气。后来发现孩子叛逆多是因为我们忙于自己的事情，对他缺乏关心和耐心，遇事不听解释就对他指责和训斥等导致他很早就进入青春叛逆期了。为了孩子，我们开始转变态度，关心他，耐心和他说话，遇事多听他的想法，而且只要不是违反法律和违背道德的事情，我们都支持他去尝试。没想到，孩子也慢慢改变了，发脾气的次数明显少了，不再事事都和我们对着干了。每天回家也愿意和我们沟通交流了，遇事也愿意听听我们的看法。

叛逆期是每个孩子都会经历的阶段，也是孩子成长的一个重要标志。一般来说，在孩子的成长过程中会经历三大叛逆期——宝宝叛逆期、儿童叛逆期和青春叛逆期。在这几段时期，孩子的独立意识和自我意识觉醒，常常表现出一些不听话、爱顶嘴等叛逆行为，让家长颇感烦恼。而处在青春叛逆期的孩子由于升学、人际关系等压力的增大，心理也随之发生变化，如果没有对其进行适当引导，孩子很容易在认知、理解、运用等环节产生技能和心理上的障碍，尤其在一些非正常的外界因素影响下，往往会激发他们潜意识的反抗，刺激他们对外界采取抗拒行为，形成逆反心理。所以当孩子“叛逆”时，家长不必过于担心。

那么作为家长，该如何和叛逆的孩子和谐相处呢？

1. 判断孩子的叛逆类型，做到精准应对

家长要认真分析孩子产生叛逆心理和行为的原因和类型，有针对性地做好引导工作。

如果孩子是情绪暴躁型叛逆的，一般比较坚持自己的看法，“八头牛也拉不回来”，说明他们对自主性的要求较高。特别是当孩子产生强烈的情绪反应时，家长说什么孩子也听不进去，而且会更叛逆。因此，家长一定不要和这种类型的孩子硬碰硬，可以先接纳孩子的情绪，耐心倾听孩子的倾诉，等情绪缓和后，再用平静的语气跟孩子商量。

如果孩子是压抑型叛逆的，那么就需要家长多关注、观察孩子的表情、行为和肢体语言，借助外在肢体语言的变化了解孩子的心理。还可以借助开放性问题引导孩子说出内心想法，比如“你的意思是……”，“你认为……你是这样想的吗？”等；或者是试着聊孩子感兴趣的话题，主动分享自己遇到的事情等，激发孩子表达的欲望，进而了解孩子的内心想法。总之，及时了解这种类型孩子的内心想法并进行有效沟通，会避免和疏解孩子内心的叛逆。

如果孩子是言行不一致型叛逆的，那么家长要让孩子感受到自己的真诚和接纳。这种类型的孩子很可能曾经尝试跟家长说过自己的想法，但由于家长的不理解、不认可，无奈之下选择采用这种方式来对抗。对这种类型的孩子，家长最好的补救方法，就是放低姿态，让孩子真正感受到来自家长的诚意，就是“你不同意爸爸妈妈的观点也没关系，有自己的想法是值得鼓励的”，“当你不赞同爸爸妈妈的时候，直接提出来就好，我们一起商量”。

2. 接纳孩子的叛逆，做到理解和包容

青春逆反是生理发育和心理发展过程的正常现象，对孩子的发展既有消极的一面，同时也有积极的一面。因为叛逆的过程也是孩子重新认识自己的过程，他们通过独立思维和积极尝试，可以重新评估自己的能力、性格和优缺点，对自己的认识会越来越客观、全面。因此，孩子有些逆反是可以理解的，只要他们的叛逆行为不过分出格：比如离家出走等，家长可以不必过分恐慌和焦虑。对孩子的叛逆多一些理解和包容，允许孩子叛逆，相信孩子有自我成长的能力。当然，过度的叛逆是有害的，如果不加以适当的引导，就有可能导致一些严重的后果。

3. 创建温暖家庭氛围，给予强大情感支持

首先，家长可以创设温暖平等的家庭氛围，建立起良好的亲子关系，用尊重的态度和孩子沟通，尽量采用商量和建议的方式和孩子平等交流，每个家庭成员都可以畅所欲言，交流彼此的想法，以此来营造一个平等和谐的交流氛围。

其次，家长要处理好自己的情绪，既不粗暴地干涉孩子，也不和孩子硬碰硬，以免引起孩子激烈的情绪反应和对抗行为。家长可以心平气和地同孩子交流，让孩子感受到家庭的温暖，感受到家长对他无条件的爱和接纳。这样，孩子的叛逆期会大大缩短。

4. 学习更新教育观念，及时调整教养方式

家长要加强学习，及时更新自己的教育观念，及时调整自己的教养方式。

一方面，改变教育方式。孩子需要尊重，家长要站在孩子的角度来理解孩子，允许孩子适当“独立自主”，让孩子的自主需要得到满足，这样就不会通过叛逆的方式争取自主了；要相信孩子有独立处事能力，尽可能地支持孩子。在孩子遇到困难和失败时，给他安慰和鼓励；当孩子取得成功的时候，真诚地表达自己的欣赏和鼓励。

另一方面，改变相处方式。不再以命令和权威的方式要求孩子必须听家长的话，不给孩子太多的限制，更不一味地指责和训斥孩子；多和孩子沟通交流，以平等、友好、信任的态度和孩子谈心；遇事多和孩子商量，认真倾听他们的想法和意见，积极引导他们；鼓励孩子有自己的想法，尝试去做自己想做的事情，允许孩子犯“错误”，让孩子在自我探索中成长。

此外，家长要注意自己的言行，减少说教和唠叨。因为唠叨和说教不仅不能从根本上解决问题，还更容易激化孩子的叛逆行为，有时候减少了说教和唠叨，就减少了孩子叛逆的可能性。

06 孩子总想“躺平”，怎么办？

困惑打卡

孩子进入高中后，学习状态不如初中积极上进，总认为自己考上高中已经很好了，对于家长的督促视而不见，自我要求低，特别满足于现状，缺乏积极进取精神。作为家长，看到孩子这种“躺平”、不求上进的状态，非常着急，不知道该怎样激发孩子的积极进取精神？

家长心声

家长 A：我的孩子最近变得对什么都没有热情，自我要求低，不能为了更好的未来去努力拼搏，容易满足现状，缺乏年轻人该有的积极进取精神。还振振有词“我将来又不想大富大贵，平凡是福，知足常乐，不争也是一种心态”。看到孩子这种不知进取的“佛系”生活态度，我非常担心。

家长 B：去年，我家孩子也出现了类似情况：生活上没有大要求，学习没兴趣没动力，缺乏积极进取精神，总觉得自己现在的学习成绩就可以。开始，我也是着急上火，天天讲道理不见改变又四处求外援，但最终不但没效果还导致关系僵化。后来我采用了迂回改变的策略，有时间就带孩子到各地旅游，参加各种公益活动，见识广阔的世界，认识优秀的榜样人物，慢慢地孩子反而有了学习的动力和目标方向了。

师说心语

心理学对“躺平”现象的解释是，躺平不是颓废或放弃自我，而是换一种方式去看待和过自己的人生。它表现为不焦虑、不担心、不奢望，对生活没有什么想法和目标，物质消费上也呈现低欲望状态。而高中孩子的“躺平”现象主要体现在学习态度和行为的改变上。他们可能对学习失去兴趣，缺乏学习热情，表现出对生活的“佛系化”态度，对待周围的人和事也显得漠不关心。具体表现为：学习逃避、身体不适、情绪波动、手机依赖和心理内耗等。

造成孩子躺平的因素有很多，其中，家长对孩子的期待是一个重要影响因素，而且这个影响因素很有可能是导致孩子躺平的起因。自孩子上学后，家长都会对孩子有要求、有期待，这很正常，但有些家长对孩子的要求和期待是不合理的，是远超于孩子实际水平的高要求、高期待。孩子再怎么努力也达不到家长的要求与期待，慢慢就会产生自我怀疑，最终有些孩子就选择了躺平。

那么针对这样的问题，家长都可以怎样做呢？

1. 改变爱孩子的方式，给予无条件的爱

孩子最终之所以选择躺平，是因为每次在面对问题时，都感受不到来自家长的爱的支持。难道是这些家长不爱自己的孩子？其实不然，这些家长并不是不爱孩子，而是家长给予爱的方式有问题。这类家长给予孩子的爱都是有条件的，孩子达到要求，让家长满意时就给予爱；没有达到要求，让家长不满意时就不给予爱。这种有条件的爱，可能孩子也知道家长应该是爱自己的，但知道和感受是完全不同的，就算孩子知道家长是为自己好是爱自己的，但感受不到爱依然等于零。因此，家长的爱一定是无条件的，不管孩子做得怎样都爱他，一定不要因为孩子做得不好就去伤害他；不管孩子遇到什么问题都支持他，一定不要因为孩子一时的失败就打击他远离他。

家长无条件的爱，是孩子远离“躺平”，有力前行的基础保障。

2. 改变对孩子的评价标准，降低期望值

一是不要逼迫孩子成为你眼中的“好孩子”。家长眼中的“好孩子”，应该是品学兼优，做事中规中矩，什么事都按照家长的要求去做，做什么都让家长省心和放心。如果家长一直用这样的“好孩子”标准培养要求孩子，那势必会培养出两类“躺平”的孩子。一类孩子虽然很乖很听话，但是往往变得不敢挑战、喜欢在自己胜任的范围内维持现状，容易形成保守心态，缺乏自主意识和冒险精神。另一类孩子会因为达不到这样的标准越来越自卑，缺少前进的信心和勇气，自然也就缺乏上进心。

二是不要逼迫孩子考出你认为的“好成绩”。很多家长特别关注孩子的学习成绩，考好了，孩子的任何要求都给予满足；考得不好，便冷嘲热讽。时间长了，孩子会认为，家长真正喜欢的是他的成绩，而不是他。如果家长认为的“好成绩”是他再怎么努力都不能达到时，他就会错误地认为，这都是学习惹的祸，开始讨厌学习，不求上进。

作为家长对孩子有高要求高期待很正常，没有哪个家长不希望自己的孩子有更好的发展。但如果我们的高要求高期待远远超过孩子的实际水平，那这个高要求高期待对孩子来说就是一个“灾难”，因此家长在给孩子提要求时一定要把握好一个“度”。这就需要家长通过日常观察、沟通和交流了解孩子现阶段已有的发展水平，在此基础上，再根据孩子的实际能力，提出虽然具有挑战性但是能实现的要求和期待。这些要求和期待一定是稍微超出孩子的现有能力，但在有指导的情况下，孩子通过努力可以达到的。这样的高要求高期待才是最适合孩子的，也是最能帮助孩子不断超越自我、激发潜能、远离躺平的最恰当的要求和期待了。

3. 改变解决问题的错误方式，给予孩子有力的支持

如果孩子已经出现躺平苗头或已开始躺平了，家长一定不要焦虑上火，自乱阵脚。既然孩子已经出现这样的问题了，做家长的就一定要正视问题，积极地去应对问题。一定要和孩子站在一起共同努力解决问题，给予孩子更多的爱与关怀，更多更有力的支持。比如，营造一个温馨、和谐的家庭氛围，让孩子感受到家庭的关爱和支持；多倾听孩子内心的声音，理解他们的感受和想法，建立信任关系；反思自己的教育方式，尊重孩子的个性和兴趣，给予孩子一定的自由空间；帮助孩子寻找和发展兴趣爱好，让他们在充实的精神世界里找到乐趣和动力；多关注孩子的情绪变化，培养孩子的心理素质，帮助他们学会面对挫折和困难等等。如果有些问题家长无法解决，可以考虑寻求心理专家的帮助，让问题及早得到科学解决。

4. 改变错误的家长角色意识，给予孩子正向影响

生活中，孩子永远不听家长说了什么，而是看家长做了些什么。所以家长要改变错误的家长角色意识，不要有家长权威，不要总想控制孩子，不要总对孩子发号施令。而是要以身作则，展示积极的生活态度和良好的时间管理习惯。

通过真实的行为影响孩子，让孩子看到即使面对困难也能保持乐观和努力的态度；家长还可以分享自己面对挑战和困难时的经历，以及如何克服这些困难的故事。帮助孩子理解成长的过程，并从中获得启发和动力。

另外有条件的话，家长还可以带孩子参与社区服务活动，让孩子看到帮助他人和回馈社会的价值。这样做既可以培养孩子的社会责任感，还能让孩子看到有意义的生活目标；坚持分享自己或其他人的职业成功故事，尤其是那些通过不懈努力实现目标的例子，激励孩子认识到努力的价值，并激发对未来的憧憬。同时鼓励孩子追求自己的兴趣爱好，并提供更多更切实的支持和资源，助力孩子成功，让孩子真正体会到坚持和热情的重要性。

07 孩子感觉别人总在关注他，怎么办？

困惑打卡

孩子认为周围的人总在关注他，一言一行、一举一动，都被别人关注。比如，今天穿了一双什么样的鞋子，在看什么书做什么题……这给他带来严重的情绪困扰，让他感到紧张、害怕、焦虑、苦恼，而且这种困扰已经影响到他的学习和生活了。作为家长该怎样帮孩子解决这个问题呢？

家长心声

家长 A：最近孩子感觉别人总在关注她，总说“一到人多的地方就觉得自己变得特别笨，觉得大家的目光都在注视自己，怕自己一不留神就出错”。还说“要是在众目睽睽之下犯错和出丑，那就太难堪了！”从孩子的语气和表情中，我能感受到她的紧张和焦虑，担心孩子如果长时间处在这种状态里，势必会影响正常的学习和生活。对此我非常着急。

家长 B：有段时间，我家孩子也有过这样的困扰。当时我也非常着急，就反复给孩子讲道理，让他不必在意，但感觉对孩子帮助不大。后来当孩子再说这样的事情时，我就以听为主，让孩子多说多发泄。一段时间后，我发现他自己想明白了这个问题，解开了困扰自己的心结。他说“每个人做好自己就可以了，不必太在意他人的眼光”。

师说心语

感觉别人总在关注自己，是高中孩子很容易出现的一种心理反应。这种心理反应通常是由于自我意识过度或社交焦虑引起的，他们总认为自己的一举一动都会引起他人的关注,而实际上他人并没有过多关注。

那么,针对孩子出现的这一问题,家长应该怎样应对呢?

1. 查找原因,精准应对

经调查发现,造成这一心理反应的原因主要有“聚光灯效应”、社交焦虑和自尊心问题等。

“聚光灯效应”是孩子觉得别人总在关注自己的主要和最常见原因。高中孩子正处于青春期,对自己的形象和表现特别敏感,因而往往会高估自己在他人心中的重要性,尤其是在自己出错或出丑时,认为所有人都在关注自己;而社交焦虑也是导致孩子觉得别人总在关注自己的一个重要原因。这是因为有社交焦虑的孩子,对自我价值的认可过度依赖外界评价,或者对自己的表现过于不自信,使得孩子在社交场合中对他人的观察和评价过度敏感,进而导致他们感觉自己的一举一动都在他人的注视之下;还有一个不可忽视的因素就是自尊心问题。那些自尊心较强或自卑感较重的孩子可能更在乎他人对自己的看法,倾向于过度解读他人的目光,认为他人的关注是负面的或带有评判意味的。在这种情况下,他可能也会感到自己总是处于他人的审视和关注之下。

基于上述原因分析,孩子虽然都产生了“感觉别人总在关注自己”的心理反应,但产生这一心理反应的原因却不尽相同。这就需要家长做有心人,读懂孩子的内心,找到问题的真正原因,有的放矢,有效应对。

2. 破解真相,调整认知

“聚光灯效应”的心理学背景可以追溯到基洛维奇和萨维茨基的一个实验,他们让一些学生穿上奇怪的衣服去上课,结果发现这些学生高估了他人对自己的关注度,实际上只有少数人真正注意到了他们的不同。这个实验告诉我们,人们往往会把自己看成一切的中心,高估别人对自己的关注程度。事实上,每个人只关心自己的事或者自己在他人眼中的形象,对他人的表现常常视而不见。如果“孩子感觉别人总在关注自己”是由“聚光灯”效应造成的,那么家长讲再多的道理都解决不了实质问题。因为孩子的认知出现错误,在他的认知里,他就认为自己是一切的中心,就认为别人对自己是100%的关注。因此对于这类孩子,需要通过让孩子直接参与破解事实真相的方式使其意识到自己的认知有问题,这样他才能恍然大悟,才愿意主动调整认知。错误的认知改变了,不良的心理反应自然会消失。

生活中，家长可以这样做：一是让孩子亲自体验一下“聚光灯效应”，看看究竟有多少人总在关注他。可以让孩子穿上一双新的名牌鞋子去学校，在去学校之前，先让孩子预估一下都有哪些同学会注意到他的新鞋。一天结束后，再让孩子看看到底有多少人真正关注到他的新鞋。正常情况下，孩子预估的同学人数和实际的人数肯定会存在较大的差异，很多同学根本就没注意到他的新鞋。由孩子亲身体验揭秘事实真相，让孩子强烈地感受到“原来自己并非焦点，大家都各忙各的事情，没有时间和精力去过多地关注他人”，从而引发孩子认知和心理的转变。二是家长还可以让孩子做这样的反向思考，就是想想他是否对别人的一举一动都会非常关注？比如，他的某位同学今天穿了一双什么样的鞋子？他的同桌今天几点到的教室……他是否都一一关注到了？相信他肯定会摇头表示自己根本没关注。

通过这些方法，可以帮助孩子逐渐克服“聚光灯效应”，减少社交焦虑，更好地融入社会。

3. 实践训练，减少焦虑

对于因社交焦虑而感觉别人总在关注自己的孩子，家长可以通过多种专项实践训练的方式，让孩子在提升社交能力的基础上减少社交焦虑。

家长带领孩子可以做的专项训练主要有两类，一类是“社交技能训练”，可以借助角色扮演和模拟社交场景的形式来练习社交技能，还可以借助加入社交团体、参加工作坊或与朋友练习等途径来训练提高社交技能；另外一类是认知调整训练，可以进行“挑战负面思维训练”，就是引导孩子当觉得别人在看自己时，试着挑战这个想法，问问自己有什么具体证据证明这是真的，有没有其他可能的解释，进而帮助孩子更客观地看待事实；可以进行“正念练习”，训练孩子学会专注当前时刻，不过分担心他人的看法或自己的表现；还可以训练孩子专注周边人正在做什么，或者环境中的细节，有意识地将注意力更多地转移到外部环境上。

通过多种实践训练，帮助孩子逐渐适应社交环境，减少焦虑情绪。

另外，当孩子因为感觉别人总是关注自己而困扰时，家长应该心平气和地告诉孩子：大多数同龄人和他一样，时常会感觉到自己被关注，这是人类普遍存在的一种心理状态。当孩子意识到这是同龄人共同存在的问题时，可能就会减少他的社交焦虑，心情也会变得轻松起来。

4. 悦纳自我，自尊自信

对于有自尊心问题的孩子，家长要帮助孩子树立自信，让他们明白每个人都有缺点，重要的是如何面对和改进，而不是过分担心别人的评价。家长可以引导孩子正确认识自己，了解自己的优势、缺点和不足，客观、积极地评价自己，形成较为稳定、积极的自我意识；多鼓励孩子，让孩子充满自信。自信的孩子不再需要通过别人的认同来认可自己的存在和能力，对他人的评价也会保持开放的态度，“有则改之，无则加勉”。如果孩子能够正确认识、评价自己，看到自己的独特性，接纳自己的不完美，自然会把注意力收回来，不再把精力过多地放在他人如何看待自己上。

另外，每个孩子都渴望被肯定、被关注、被认可……孩子的心灵就像一个杯子一样，如果家长在孩子表现好的时候能够给予及时的肯定、欣赏和赞美，在孩子表现欠缺的时候给予鼓励和支持，孩子心灵的杯子里就盛满了爱、关心和自信。如果家长对孩子要求过于严厉和苛刻，或者经常用消极的甚至是侮辱的语言伤害他，就等于给孩子心灵的杯子戳了一个洞，杯子就永远盛不满，孩子的心会永远饥渴，这样的孩子会焦躁不安、缺乏自信。高中阶段的孩子自我意识正处于高度发展的阶段，还没有形成稳定、积极的自我意识，他们的自信很大程度上还要依赖于外界尤其是家长的积极评价。所以，家长要尽可能多地肯定、鼓励、欣赏孩子的优点，满足孩子被肯定、被关注、被认可等心理需要，让孩子能悦纳自我，阳光自信。

情绪调节篇

08. 孩子易情绪失控，怎么办？

09. 孩子情绪低落，怎么办？

10. 孩子考前总是焦虑，怎么办？

11. 孩子觉得活着没意思，怎么办？

12. 孩子对学校有抵触情绪，怎么办？

08 孩子易情绪失控，怎么办？

困惑打卡

孩子上高中后，家长跟孩子说话总是小心翼翼，“不敢”随意跟孩子聊天，特别担心哪句话说得不对刺激到孩子，引起孩子情绪激动，做出过激行为。面对情绪易失控的孩子，家长很是焦急和困惑。

家长心声

家长A：上高中后，孩子经常报名参加课外活动，我担心这些活动会影响孩子学习，忍不住会唠叨几句，每次涉及类似问题，孩子的情绪总是特别激动，大吵大闹，根本就无法进行正常沟通。

家长B：孩子上高中后也经常会不明原因地情绪激动，大喊大叫的。我知道孩子上高中后学习压力很大，对他失控的情绪一般都忍着不去批评阻拦，让他发泄。我觉得如果不让孩子把消极情绪宣泄出来，那积郁的“情绪”很有可能会变成“定时炸弹”，要么伤害自己，要么伤害他人。因此通常我会在孩子情绪完全缓和后，再跟他深入沟通。现在孩子的情绪稳定多了，大吵大闹的现象基本消失了。

师说心语

脑科学研究最新进展表明，青少年时期的认知能力发展达到高峰，而情绪的神经生理机制远未达到成熟，即所谓“高马力（认知）、低控制（情绪）”。这一身心发展的生理基础决定了高中孩子情绪发展的突出特点就是易冲动、两极化，其外显表现就是情绪易失控，因此孩子进入高中阶段后易情绪失控很正常。

那么面对孩子易失控的情绪，家长可以怎样做呢？

1. 了解引发孩子易情绪失控的具体原因

一是心理需求未被满足引发的情绪失控。具体表现在当希望得到别人的认可和喜欢，却得不到满意的答案时；当因同伴不接纳导致个人尊严和地位在同伴中感到无奈甚至屈辱时；当需要父母的理解和支持，要求和愿望遭到父母的反对或干涉时；当交友动机、合群需求和愿望得不到应有的满足时；当同伴交往受挫时等等。

二是青春期逆反心理引发的情绪失控。具体表现为当机体受到某种强烈刺激而引起心理反感时；当事情威胁到个体的自我价值时；当没有充分理由而遭到蛮横禁止。遇到上述情况，由于逆反心理作祟，孩子就会通过失控的情绪或躲避、或保护自我价值、或坚持去做自己想做的事。

三是依恋关系的亲疏引发的情绪失控。依恋关系是亲子关系和其他社会关系的基础，孩子内心的爱和安全感都源于健康的依恋关系。如果亲子的依恋关系疏离，那么这也是引发青春期孩子易情绪失控的一个重要原因。

2. 采取措施，有效应对

当孩子情绪失控时，家长可采取的有效的措施主要有以下几种：

一是接纳孩子失控的情绪状态。家长要以平和的心态去接纳孩子的情绪，不要批评、指责或嘲笑孩子的情绪表达；耐心倾听、准确理解孩子情绪背后的原因，主动询问孩子的感受和需求，与孩子建立信任关系，保证沟通顺畅。

二是共情孩子的情绪表达。理解孩子的失控情绪是正常的情绪反应，是有其产生的合理原因的；家长可以用温暖和关心的语气和适当的行为回应孩子，让孩子知道家长感受到了自己的情绪，真正关心自己的需要，进而切实感受到来自家长的爱和支持。

三是管理好自己的情绪状态。家长需要管理好自己的情绪，避免在孩子情绪失控时自己也失控。深呼吸、告诉自己保持镇定、离开现场一段时间等方法都可以帮助家长平复自己的情绪；保持冷静和理性，不要用错误的方式为孩子做出不好的示范。

四是运用情绪调节技巧帮孩子缓解情绪。平时生活中，家长可以有意识地多教孩子掌握一些情绪调节的技巧，如深呼吸、数到十、找个安静的地方冷静等，以备孩子情绪失控时帮助其恢复平静并控制情绪。

五是给予孩子一定的空间和时间。如果孩子原因不明地突然情绪失控，多数情况是孩子心中已经积郁了太多的消极情绪，可能需要一些时间和空间来冷静处理自己的情绪。此时家长应该给予孩子适当的空间和时间，不要强求立刻解决问题，防止情绪进一步升级。

通过这些措施，家长可以更好地应对孩子的情绪失控问题，帮助孩子建立健康的情绪管理能力。

3. 转换视角，防微杜渐

引发孩子情绪失控的原因，除了心理需要未被满足、青春期逆反心理、依恋关系的亲疏等直接的具体原因外，还有一个重要的影响因素，就是孩子的认知水平。高中阶段的孩子对事物的认知还不完整，有些孩子遇到问题时倾向于选择消极的角度看问题，尤其是对与自己密切相关的事的认识和分析比较极端，过分关注事件不利的一面。比如对已发生的事极易夸大危害影响，对将要发生的事又过分担忧。因此家长要引导孩子客观、全面地分析面临的问题，转换角度积极地看问题。

另外，家长要努力给孩子营造一个稳定、和谐、温馨的家庭环境，让孩子感受到家庭的温暖和安全。避免在孩子面前争吵、发脾气等，以免影响孩子的情绪。

09 孩子情绪低落，怎么办？

困惑打卡

孩子上高中后就完全变了一个人，没有了原来的朝气蓬勃、活泼开朗、积极阳光，现在每天要么有一点儿不如意的小事就抱怨、发牢骚，要么就一句话不说，躲到房间里不出来。孩子每天的情绪总是处于低落状态。家长非常着急，不知道怎样能帮到孩子？

家长心声

家长 A：孩子上了高中后变得特别多愁善感，遇到一点儿不如意的事都会情绪低落，而且这种状态会持续很长时间。对此，我们特别担心，但又不知道可以怎样做能帮助孩子改变这种状态。

家长 B：我女儿自高中住校后也出现了类似问题，遇到点小困难、小挫折都会让她情绪低落、萎靡不振，严重时还会失眠。我们也没有别的更好的办法，只能是带孩子去做她喜欢的事。感觉这个办法还是有点效果，但还是想找些有效办法从根本上帮她解决这个问题。

师说心语

孩子遇到不开心的事、遇到不如意的事、遇到困难挫折等会情绪低落是很正常的事情，但经常的情绪低落或持续的情绪低落，则会影响孩子的生活质量，严重的还会影响孩子的身心健康。

那么面对这样的问题，家长可以怎样做呢？

1. 采取措施，帮助孩子摆脱情绪低落的状态

如果孩子的情绪处于低落状态，家长不必紧张焦虑，但也不要视之不理，而是要想办法采取有效措施帮助孩子摆脱情绪低落的状态。

当孩子情绪低落时，家长可以试试以下方法：

方法一，给孩子提供无条件的情感支持。当孩子情绪低落时，他们最需要的是家长的关爱和支持，要让孩子知道无论发生什么，都有家人在身边无条件地支持他。这种情感支持可以是陪伴、鼓励的话语或是一个温暖的拥抱，但缺少支持则更容易让孩子情绪低落。

方法二，认真倾听孩子的感受。当孩子情绪低落时，他们往往需要有人倾听他们的感受。家长要耐心倾听孩子的感受，鼓励他们说出自己的想法，了解孩子的内心想法和需求；不轻易打断或忽视孩子的情绪表达，通过眼神交流和温和的语气，让孩子感受到被重视和理解。这一步骤虽为基础，但忽视则可能使孩子感到孤独无助，加剧情绪低落。

方法三，给孩子提供积极的反馈。当孩子情绪低落时，他们往往会感到无助和失落。此时家长可以给孩子提供积极的情感反馈，明确表达对孩子情绪的认同和接纳，这种正面的情感反馈能增强孩子的安全感和信任感，为后续的心理疏导奠定良好基础，相比之下，否认或忽视孩子的情绪，可能会让孩子感到更加沮丧和孤立。另外，家长还可以给孩子提供积极的言语反馈，鼓励孩子尝试新方法解决问题，让孩子知道，失败并不可怕，只要不放弃，继续努力，总会找到解决问题的办法。

方法四，分散孩子的注意力。当孩子情绪低落时，可以尝试帮助孩子分散注意力。家长可以鼓励孩子进行适当的运动，如一起散步、骑自行车或者打篮球等，帮助孩子释放情绪，缓解压力；家长还可以鼓励孩子去做一些有趣的事情，如看电影、做陶艺烘焙手工等等，帮助孩子放松心情。

方法五，帮助孩子寻找解决问题的方法。当孩子情绪低落时，他们往往需要有人帮助他们寻找解决问题的方法。家长可以与孩子共同分析问题解决问题，这些帮助可以让孩子感到自己并不孤单，同时也能帮助孩子认识到问题的根源，提高孩子的自信心和解决问题的能力。但家长在帮助孩子寻找解决问题的方法时，一定不能直接替孩子解决，干涉过多势必会削弱孩子的自我应对能力。

方法六，寻求专业帮助。如果孩子的低落情绪持续不减，且已经影响到了日常生活和学习，那家长就应该考虑求助专业人士，尽快帮助孩子摆脱情绪低落的状态。如果家长排斥或忽略专业求助，可能会使问题恶化，影响孩子的长远发展。

2. 潜移默化，引导孩子做情绪的主人

孩子在成长过程中难免会遇到一些不顺心、不如意的事情，家长除了要及时帮助孩子摆脱低落情绪外，在日常生活中还要有意识地训练孩子调控情绪的能力，培养孩子的心理韧性，从根本上解决孩子经常情绪低落的问题。这是一个长期的教育过程，家长要有耐心、有规划，要在生活中潜移默化地去教育引导孩子。

以下是一些比较好的可借鉴的方法。

方法一，引导孩子构建有力的社会支持系统。这是孩子成长不可或缺的力量源泉。孩子的支持系统里可以有老师、家长、朋友、同学，也可以是小宠物，甚至可以是一件物品。当孩子们有压力，有情绪，有困惑的时候，知道主动找支持系统中的一个或几个来倾诉，来表达，来探讨答案，来寻求支持。孩子的成长过程中都会遇到生命中的难题，会在某个阶段里，感觉到无助、沮丧和不安，能够及时找到陪伴的人、事、物，能够表达出来，并被支持和理解，就会更好地帮助孩子调节情绪，稳定状态，提升自我行动力。

方法二，教导孩子积极思考和看待事物的方式。家长可以通过分析电视电影片段、媒体上一些时事热点，让孩子看到现实社会真实的一面，鼓励孩子积极地看待现实生活中的人和事，汲取积极正向的力量，学会从困境中学习和成长。强调努力、毅力和逆境中的机会，帮助孩子建立积极的心态，培养心理平衡感，增强心理承受能力。

方法三，做孩子的榜样。家长是孩子最重要的老师，家长以什么样的方式应对挫折困难，孩子往往也会用类似的方式来应对挫折困难；家长热爱生活，积极乐观，孩子就会从家长身上学到如何面对生活如何处理不良情绪。因此家长一定要以身作则，让自己先快乐，再把这种情绪传染给孩子，给予孩子更多心理上的支持，让孩子身心快乐地成长。

“教育有法，但无定法。”每个孩子的情况不同，采用的方法也会不同。希望家长做有心人，找到适合孩子的方法，在帮助孩子摆脱情绪低落状态的同时，引导孩子做情绪的主人。

10 孩子考前总是焦虑，怎么办？

困惑打卡

孩子几乎每次考试前都会说没准备好，“烦死了，哪哪儿都不会，不想复习了”。遇到这种情况，家长应该怎样做呢？

家长心声

家长 A：每次考试前，只要孩子跟我说“我没准备好，完了，完了”，我都会埋怨孩子：“你平时干什么去了？临近考试了你才知道着急了？平时不烧香，临时抱佛脚。”这时孩子的情绪就会非常崩溃，我也知道这样做不好，但我又控制不住自己。

家长 B：我的孩子非常懂事要强，但每次考试特别是考前都很焦虑，就怕自己考不好，对不起我们。因此她也经常会说自己没准备好，肯定会考不好之类的话。这时我都会安慰孩子几句，跟孩子说“一个人不管复习成啥样都会觉得没复习好，没有人会觉得自己准备得非常充分，妈妈相信你”。这样孩子焦虑的情绪会慢慢平息。有时我还会带孩子放松放松，吃点好吃的，散散步。有可能的话还和孩子一起分析哪里没准备好，如果是有不会不明白的，在征得孩子同意后找老师帮孩子进行针对性的辅导。总之，不管孩子说什么，只要我觉得没什么更好的办法帮到孩子时，我就都照单全收，从来不埋怨或讲大道理。

师说心语

如果孩子在考前出现抱怨、烦躁、逃避等情形，表明孩子正处在考前焦虑中。考前焦虑是由考试引起的焦虑，是以担忧为特征，由消极的自我评价或他人评价而形成的意识体验。孩子考前出现焦虑情绪很正常，而且考试焦虑本身有利有弊。适度的考前焦虑可以激发孩子的学习动力和应对能力，提高备考效率。

引发孩子出现考前焦虑的原因有很多，其中主要的原因有以下三点：

一是有的孩子将注意力集中在考试可能带来的坏结果上，导致孩子对即将到来的考试充满焦虑。比如考试前不停地想“我考得不好被同学笑话怎么办?”“成绩不好被老师、家长批评怎么办?”等等，这些坏结果在脑海中“滚动播放”，不停地唤起孩子的负面情绪，导致他们难以专注备考；

二是有的孩子认为考试存在太多的不确定性，因无法掌控考试结果而产生考前焦虑。比如经常会担心考试题目有难度、考试内容没有复习到等等。这些预想的不确定性担忧都会引发考前焦虑；

三是有的孩子对焦虑情绪的负面认知，导致孩子形成了“情绪滚雪球效应”，进而更加重了考前焦虑的负面影响。也就是说，焦虑情绪本身不可怕，害怕焦虑才可怕。

那么面对孩子的考前焦虑，家长可以怎样做呢?

1. 处理好自己的情绪状态，做孩子情绪调控的榜样

孩子是家长的一面镜子。如果父母对待孩子的考前状态，能保持心态平和与自信，孩子也会自信乐观；如果家长对孩子的考前状态表现出急躁不安、紧张，孩子则会表现得更加焦虑不安，所以家长首先要调整好自己对待孩子考前焦虑的心态，处理好自己的焦虑情绪，这对解决孩子的考前焦虑问题会有很大帮助。

放松训练是降低焦虑情绪的有效方法。家长可以学习掌握一些如呼吸放松、想象放松、静坐放松、自律放松等简单的放松训练方法，通过这些方法有效调控自己的焦虑情绪，同时也可以引导孩子运用这些方法处理调控焦虑情绪。

2. 接纳孩子的焦虑情绪，做孩子坚实的后盾

考前焦虑是多数孩子在临近考试，特别是比较重要的考试前，都会出现的情绪状态，是一种比较正常的情绪反应。因此，当自家孩子也出现了考前焦虑情绪，或者是连续几次考试都出现了不同程度的焦虑情绪，一定要接纳孩子的焦虑情绪，理性应对。

家长可以耐心倾听孩子的担心与不安，找出孩子出现考前焦虑情绪的真正原因，然后再对症下药。对于低焦虑的孩子，家长可以及时沟通、交流彼此对考试的看法，帮助孩子正确认识考试的价值与作用，不让“一旦考不好，就糟糕透顶”等错误观念占据孩子的头脑，通过调整认知慢慢改善孩子考前焦虑的状态；家长还可以经常鼓励孩子，给予孩子更多的情感支持，让孩子真切感受到自己是被父母理解和接纳的。另外，家长还可以多给孩子一些自由时间，让孩子做自己想做的事，放松心情，比如睡觉、听音乐、发呆、运动等等。这些做法在一定程度上可以帮助孩子缓解考前焦虑情绪。对于高焦虑的孩子，如果上述做法对孩子帮助不大，就需要求助专业的心理老师帮助孩子。

3. 改变孩子的归因方式，做孩子问题解决的参谋

归因方式，简单理解就是我们对行为结果的原因进行解释的过程。根据韦纳的归因理论，人们通常将成功或失败归因于四大因素：能力、努力、任务难度和运气。这四种因素会因每个人对行为结果原因的解释不同而形成不同的归因方式。正确的归因方式一般是从内部、可控、稳定的角度来解释行为结果原因的。一个懂得正确归因的孩子，往往能更好地面对成功与失败。

孩子出现考前焦虑的一个重要原因就是其归因方式出现问题，孩子可能更多的是从外部、不可控的因素来看待考试，比如担心考试题目太难，担心自己运气不好，考试内容自己都没复习到，担心自己的能力差、跟同学相比有很大差距等等。

因此，家长要多去了解孩子的归因方式，并有针对性地引导其调整。比如家长要引导孩子将考试结果更多地归因于自己的努力，而不是固定的能力或外部环境。这样不仅可以让孩子认识到努力的重要性，还能激发他们的内在动力；如果孩子最终考试失利了，家长更要引导孩子正确归因，不仅要认识外部因素（如任务难度、环境等）对考试结果的影响，更要反思自己的努力和方法是否也存在问题。当孩子形成正确的归因方式后，考前焦虑的问题就会迎刃而解。

4. 调整孩子的考试目标，做孩子健康成长的助手

有研究表明，不切实际的考试目标会加重孩子的考前焦虑。如果孩子的考试目标设定得过高或不切实际，那么无论是考前还是考后，孩子都会感到无尽的焦虑和失望。因此，合理设定考试目标并积极面对目标的挑战是非常重要的。

家长可以引导孩子对自己的学习状态进行一次客观的自我评估，同时检测自己制订的考试目标是否恰当。有些孩子喜欢在考前给自己设定一个考试目标，但设定的考试目标完全超出能力范围，一旦考前复习遇到点小意外、小困难、小挫折，就会出现焦虑情绪，直接影响复习状态。这时家长可以引导孩子遵循“跳一跳，够得着”的目标设计原则，设置一个只要肯努力就能达到的考试目标，让孩子在次次考试中都能获得达成目标的成功体验。这样考前焦虑也会因考试目标的合理调整而得到有效改善。

总之，孩子出现考前焦虑，家长要和孩子一起面对，共同解决。

11 孩子觉得活着没意思，怎么办？

困惑打卡

孩子不管干什么都无精打采，还经常把“活着没意思”挂在嘴边。开始家长并没在意，只觉得孩子是学业压力大，发发牢骚而已。当发现孩子的腕部突然多了几道划伤后，家长就不淡定了。但面对这样的情况，家长又不知道怎样做才能真正帮到孩子？

家长心声

家长 A：孩子从高一下学期开始就经常请假回家，总说很累，对什么都提不起兴趣，不想进学校，更不想学习。有时孩子还会说即使考上大学也没意思，对未来感到迷茫，觉得活着多余。我们轻则说教、威逼，重则批评、打骂，但都改变不了他觉得活着没意思的想法。看着孩子日渐消沉的状态，我们真的是无计可施了。

家长 B：孩子上高三后有段时间也跟我们抱怨，在学校里很压抑，每天有做不完的题、考不完的试，无法开心，怀疑活着的意义。我们理解孩子学习辛苦、压力大，对孩子所有的抱怨和牢骚都无条件地接纳，从不说教也不批评孩子的消极状态。如果有建议，我们也只是顺着孩子的想法和他一起预测可能的发展结果，让孩子自己做最终的选择。当我们更多地将选择权放给孩子时，孩子反而不再抱怨学习辛苦、活着没意思，对未来也充满了更多的期待。

师说心语

如果发现孩子对什么事都不感兴趣，对未来没有希望，觉得活着没意思时，家长一定不要恐慌、害怕，一定不能批评孩子，也一定不要给孩子讲大道理，告诉孩子该如何如何做。因为此时孩子根本做不到。那么面对这样的情况，家长都可以做什么呢？

1. 分析原因

首先，家长要了解引发孩子觉得“活着没意思”的可能原因都有哪些。据了解，孩子觉得“活着没意思”的原因主要有以下几个方面：

一是感觉自己无能。主要是孩子的自我效能感太低。自我效能感是著名的心理学家班杜拉提出的，意思是“人们对自身能否利用所拥有的技能去完成某项工作行为的自信程度”。指出人必须有较高的自我效能感，才能应对人生中不可避免的阻碍。那么当孩子自我效能感太低的时候，就容易什么都不想做，也什么都不想尝试，不相信自己可以把事情做好。孩子缺少自我价值感和自信心，感觉自己无能、没用、什么事都做不好、生活没有什么乐趣，很容易就会有“活着没意思”的想法。时间长了可能还会趋向焦虑甚至抑郁。

二是感觉父母不爱。这与家长的教育方式有很大关系。有的家长对孩子过度期待和掌控，不给孩子一点自由。这些家长习惯用“应该”“不应该”来教育孩子。当孩子的生活充满了来自家长的各种“应该”和“不应该”时，孩子的真实感受、情绪和需要就通通被压制了，随之而来的是无力感、热情减退、快乐不再，痛苦甚至觉得活着没啥意思。孩子会觉得爸爸妈妈喜欢的永远都是别人家的孩子。处在青春期的孩子，如果没有办法真实做自己，他们很有可能会放弃努力；还有的家长对孩子过于情感疏忽。青春期的孩子情绪波动大，当家长因情感疏忽没办法接纳和看见孩子的情绪时，迷茫感会吞噬孩子的生活。心理学上有这样一种说法：“未被表达的情绪是永远不会消失，只会被活活地埋葬，日后以更加丑陋的方式呈现出来。”那些总觉得活着没意思的孩子，通常都有很多负面情绪没有被处理。

三是感觉未来无望，对未来感到迷茫。这种感觉与孩子的具体生活状况直接相关。有的孩子生活极其单调。每天基本上都是听课、写作业、考试。所有的兴趣爱好全被扼杀，还随时要接受来自老师和家长“这样不对那样不对”的评判。这样的生活状态让孩子觉得人生是无趣的、痛苦的，自然会产生“活着没意思”的想法；再有的孩子生活中遇到了过不去的“坎”，比如学习上遇到了困难，被同学朋友欺凌，失恋了，或是遭遇了其他意外打击等等，总之是孩子自己无法抵御的挫折，这些困难挫折也会让孩子感到生活没意思；还有些孩子的生活是闲得无聊，没有内驱力。内驱力就是一个人做事情的时候感到有意义，觉得有成就感。我们做任何事情肯定是要用快乐和满足为驱动，它才是有意义的。如果打球或者下棋，赢了也没感觉，输了也没感觉，那还玩它干什么。生活对孩子而言也是如此。当孩子的生活完全是在理智驱动下去进行或者根本不知道自己每天可以做什么的时候，那么孩子的生活肯定是没有快乐的，肯定是迷茫的，由此孩子会质疑生活的价值与意义。

其次家长要想办法了解孩子觉得“活着没意思”的原因是什么。

如果发现孩子有“活着没意思”的想法，家长第一时间要做的就是好好地跟孩子交流，走进孩子的内心，耐心引导孩子说出自己的感受，弄清楚究竟是什么原因导致孩子有了这种想法。家长这个时候一定要控制住自己的情绪和表达欲望，不要急于打断和劝导孩子，要让孩子把心里话全都说出来，这样才能准确了解其中的真正原因。

2. 精准应对

首先，无论孩子是因为什么原因感觉活着没意思，家长都要做好这样几件事。

一是家长要接纳孩子的无意义感。孩子觉得没有意思的时候，接纳这就是他目前的真实感受，有时候我们着急去激励和说服孩子，其实就是在否定他的感受；若能停一下，尝试去看见和认可孩子的感受，那就能给予他们强而有力的支持。当然，不仅仅是无意义感，任何在生活中表露出来的情绪，都值得被看到。

二是家长要倾听和理解孩子的感受。家长要做孩子的情绪收容器，要认真倾听孩子的感受，让孩子有机会表达自己的情绪和想法。家长可以鼓励孩子讲述自己的心事和烦恼，让孩子感受到被理解和支持。

三是家长要支持陪伴孩子。这个时期正是孩子最困难的时候，家长一定要全力支持，耐心陪伴。其间，可以倾听他们的诉说，或者分享自己窘迫的经历，也可以回忆孩子过去的快乐时光。要让孩子知道无论何时何地，都有人愿意倾听他们的声音，陪伴他们走过人生中的难关。重要的是，要让孩子体会到他们并不孤单，家人一直都在身边支持他们，以此帮助他们度过这段困难的时期。

四是家长要细心观察孩子觉得活着没意思的这段时间内的行为表现。首先家长要观察孩子有没有出现失眠情况、身体是否出现不明原因的疼痛，是不是对过去很感兴趣的事情也丧失了兴趣、有没有不想上学、不想出门、不愿社交等现象。如果孩子这种状态持续时间超过两周，家长要陪孩子去医疗机构及时就诊。

其次家长要根据原因，结合孩子的具体特点借鉴下面的方法帮助孩子解决问题。

方法一，鼓励孩子寻找生活中的乐趣和意义，让孩子感受到生活的美好和价值。家长要有意识地丰富孩子的生活。生活本身就是一种体验，意义不是思考出来的，而是行动出来的。陪伴孩子做一切愿意去尝试的事情，哪怕孩子的意愿度只有1%，行动本身就会告诉孩子答案。比如，家长可以带孩子参加一些有趣的活动，或者一起制订一些小目标，让孩子在实现目标的过程中感受到成就感和快乐；有条件的话可带孩子暂时离开原来的环境，鼓励孩子参加各类运动、公益劳动，强全体魄、开阔孩子视野，让孩子在新环境中重新找到生活的乐趣和人生的意义；家长还要留心孩子喜欢的事情，不定时地给予惊喜。孩子的喜欢其实很简单。“庆祝一下周五的到来，迎接美好的周一”等等，偶尔安排学习以外的惊喜事件，一点小小的仪式感，也能让孩子逐渐学会为生活赋予意义。

方法二，让孩子有事可做。家长要想办法让孩子有事做，转移注意力，同时让孩子在做事中体验成功，增强自信。家长在给孩子找事做时一定不要随意，一定要考虑这件事是否是孩子感兴趣的，是否是孩子力所能及的，是否能创造价值。但具体做什么事，家长要根据家庭和孩子的实际情况灵活选择。让孩子在做事的过程中，体验成功的快乐，不断提高自信，增强能力，以此来培养孩子的成就感，以及对家庭和社会的归属感，让孩子感到生活充满乐趣。

方法三，帮助孩子解决问题。当孩子面临困难和挑战时，家长可以帮助孩子解决问题，让孩子感受到支持和帮助。家长可以鼓励孩子寻找解决问题的方法和策略，让孩子学会应对困难和挑战，相信自己有能力克服困难和挑战。例如，家长可以与孩子一起分析问题，找出问题的根源，然后一起制订解决方案；

同时，家长要放手让孩子去体验成功和挫折，培养孩子正确面对困难和挫折的能力。

方法四，提供正面激励和支持，培养孩子的自信心和目标感。当孩子感到沮丧和无助时，家长需要提供正面激励和支持。家长可以鼓励孩子寻找自己的兴趣爱好，尝试新事物，并给予他们肯定和鼓励，帮助孩子建立自信和积极的心态。比如家长可以表扬孩子的努力和进步，让孩子感受到自己的价值和能力。

方法五，要尊重孩子的选择。在孩子做出选择时，给予他们足够的自主权和决策权。即使这些选择看起来不够成熟，也要尊重孩子的意愿，并在必要时提供指导和建议。鼓励他们勇于尝试新事物，即使失败也不要气馁。通过失败的经历，孩子可以学会反思、总结和调整策略，为未来的成功积累经验。

另外，每个孩子的情况都是独特的，开导孩子时可以根据他们的个性和需求进行具体调整。相信通过你的辛苦付出，一定能帮助孩子走出情绪的低谷，走向自信自强的美好未来。

12 孩子对学校有抵触情绪，怎么办？

困惑打卡

孩子升入高中后，经常抱怨学校的环境、伙食、管理、老师不如原来初中的好或者不如周边某某高中的好，情绪上表现得过于抗拒和抵触，家长担心这种抵触学校的情绪会影响孩子对学校生活的快速适应。面对孩子的这种情况，家长可以怎样做呢？

家长心声

家长 A：中考时孩子因漏掉一道数学大题导致成绩不理想，没有考入心仪的高中。通过孩子平时的交流感到他有一种“现在的学校配不上自己”的想法，因此对现在学校的一切都不认可，抵触情绪很大。我知道孩子这样做不对，但又不知道怎么引导他。

家长 B：儿子今年上高二了，去年因一分之差被现在的高中录取了，孩子觉得特别委屈，对现在的学校也产生了一些抵触情绪，看什么都不顺眼，做什么都不顺心。我就顺势开导他要摆正心态，发挥成绩居前的优势，争取老师的关注和关心。一年坚持下来，孩子的发展确实如我们所愿，各方面都表现得非常好，孩子现在也喜欢上这所学校了。我庆幸当初没有指责、抱怨孩子没考入心仪高中，也没有因为抵触学校而批评、打击孩子。看到孩子现在活力十足、阳光自信的样子，我倍感欣慰。

师说心语

每年的高一新生中总有部分学生因为没有考入心仪的高中，就戴着“有色眼镜”挑剔现在的学校。而且在挑剔新学校的管理制度、学校领导和老师的教导的同时，抵触新学校的情绪越积越大。这种对学校的抵触情绪，会直接影响他们对高中新生活的适应，严重的还可能出现拒学、厌学。

那么当发现孩子对学校有抵触情绪时，家长都可以怎样做呢？

1. 了解孩子，理解孩子的抵触情绪

实验心理学研究表明，外界信息输入大脑时的顺序，在决定认知效果的作用上是不容忽视的。最先接收的信息没有受到任何干扰，得到了更多的注意，信息加工精细；而后续的信息则易受忽视，信息加工粗略。大脑处理信息的这种特点是造成孩子抵触新学校的内在原因。“心仪高中”作为最先接收的信息已经在孩子的大脑中留下了深刻印象，而且也将其作为初中阶段努力学习的目标方向。受此影响，孩子会不自觉地就会将现实高中与“心仪高中”作对比，如果再稍微遇到一点儿不如意或不顺心的事情，那对比的反差就会让孩子的内心产生抵触情绪。因此家长一定要了解孩子的真实状态，理解孩子当下的抵触情绪，尽量能做到共情。

2. 理解孩子，接纳孩子的心理感受

如果家长一直站在自己的角度来处理孩子对学校的抵触情绪，那么带来的结果就是家长对孩子抵触情绪的不理解、不认可，试图通过打击、批评的方式来唤醒孩子，而不是想办法帮助孩子疏解抵触情绪；但如果家长转换角度，站在孩子的角度看待这件事，那么孩子当下所有的委屈、不甘心、不认可学校和老师的心理感受就很容易被理解和接纳。当家长的理解和接纳被孩子真正感受到时，孩子的抵触情绪可能会缓解很多。

3. 尊重孩子，教育孩子“接受现实，而非接受现状”

教育孩子接受既定现实，并从中考失利的事件中吸取教训。告诉孩子“接受现实不等于接受现状”，现在已成定局，不可改变，但可以通过努力改变未来。教育孩子从现在开始就做好未来的规划，告诉孩子是金子在哪里都会发光，现在在哪里不重要，重要的是努力的方向和未来的终点在哪里。

4. 引导孩子，调整孩子看问题的视角

首先要让孩子真正放下对心仪高中的执念。执念越强，抵触情绪越大。家长可以用心准备一些关于现在学校的介绍，让孩子“看见”当下学校的美好和独特之处。其次要调整孩子看问题的视角，构建合理认知。家长要告诉孩子，不管在哪所学校学习，都仅是实现梦想的舞台，是否出彩完全取决于自己学习和努力的程度。

5. 锻炼孩子，提升孩子的学校归属感、认同感

创造多个锻炼孩子的机会，不断提升孩子对学校的归属感，可以从根本上缓解孩子对学校的抵触情绪。这样的锻炼机会有很多，比如赋予孩子责任与担当，家长可以跟班主任交流，真实反映孩子的情况，班主任可通过赋予孩子一些责任，如担任班委、组织班级集体活动、参加学生会干部竞选等方式，让孩子感受到自己被重视、被温暖；教会孩子多用欣赏的眼光看待身边的老师、同学，优化人际关系，良好的人际关系能大幅提升他的认同感；教会孩子学会表达感激之情，感谢学校提供的平台、感谢老师的栽培、感谢同学的帮助等。这些锻炼机会都能很好地消除他对学校的抵触和不认同，提升孩子对学校的归属感和认同感。

学习管理篇

13. 孩子学习动力不足,怎么办?
14. 孩子学习容易骄傲自满,怎么办?
15. 孩子成绩不稳定,怎么办?
16. 孩子总是完不成作业,怎么办?
17. 孩子学习不能持之以恒,怎么办?
18. 孩子偏科了,怎么办?
19. 孩子考试怯场,怎么办?
20. 孩子对学习没兴趣,怎么办?
21. 孩子成绩持续下降,怎么办?
22. 孩子学习遇到困难,怎么办?

13 孩子学习动力不足，怎么办？

困惑打卡

孩子学习动力不足，没有目标。学习被动、不能主动安排自己的学习任务；学习懒散、拖拉，经常需要家长催促和监督，家长感到很无助。

家长心声

家长 A：我家孩子总说“学习差不多就行了”，从不在乎成绩好坏，考好考差对他来说都无所谓。和孩子聊天，一提学习的事就垂头丧气，一提学习以外的事就兴高采烈。这都是高中生了，学习动力还这样不足，我是既担心又焦虑，不知道怎么办才好。

家长 B：我的孩子也存在学习动力不足的问题。对学习提不起一点儿兴趣，学习无精打采，把学习看成被迫的苦差事，总要我催促；学习上拖拉、散漫，怕苦怕累，还经常为自己的懒惰行为找借口。有什么办法能激发孩子的学习动力呢？

师说心语

学习动力的是指引发与维持学生的学习行为，并使之指向一定学业目标的一种动力倾向。通俗地理解就是学习动力对孩子学习有着强大的推动作用，比如能够激发孩子的学习兴趣，产生强烈的学习愿望；在学习过程中能够帮助孩子克服困难和挫折，保持学习的持续性和稳定性；还能够使孩子明确学习目标，制订合理的学习计划，并朝着目标不断努力等等。总之，学习动力是孩子学习过程中不可或缺的重要因素，它对孩子的学习行为、学习成果以及未来发展都具有重要影响。因此，当发现孩子的学习动力不足时，家长一定不能忽视或小视。

那么当孩子学习动力不足时，家长都可以怎样做呢？

1. 了解原因，理解孩子的学习需求

学习动力主要由学习需要和学习期待两个要素构成。学习需要是孩子对知识、技能等的内在需求；学习期待是孩子对未来学习成果的期望和憧憬。孩子学习动力不足就说明其中的学习需要和学习期待出现了问题。据了解引发孩子学习动力不足的原因主要有以下三个方面：一是家庭中缺乏尊重知识、热爱学习的氛围，家长对学习的态度和言行对孩子有直接影响。如果家长自身不爱学习，那么孩子也很难对学习产生兴趣；二是学校的教育方式和内容、班级氛围、同伴关系等都会影响孩子的学习动力。社会上的拜金主义、读书无用论等价值观念也会影响孩子的价值取向和学习动机。三是孩子自身的意志力、自我管理能力、学习兴趣等也会影响学习动力。此外，如果孩子缺乏明确的学习目标和方法，也很容易在学习中感到迷茫和挫败，间接影响孩子的学习动力。

家长只有全面了解孩子学习动力不足的原因，才能更好地理解孩子的需求，并主动采取相应措施激发孩子的学习动力。

2. 学会放手，把学习的责任还给孩子

现在很多家长对孩子的学习是高要求、高期待、高管控，总觉得孩子学业压力已经够大了，安心专注学习就行，至于学习生活上的其他事，家长都大包大揽，监督写作业，代选兴趣班、辅导班等等，总之家长觉得只要是自己能做的事绝对不让孩子做。慢慢地孩子习惯了被动学习，也形成了“学习是为家长学的”错误想法。家长过度的管控、干涉和保护，直接削弱了孩子的学习动力。

其实学习是孩子自己的事情，正如每天的吃饭、睡觉一样，孩子需要家长给予机会体会和了解这一点，只有这样孩子才会愿意为自己的学习负责。家长要相信孩子，对孩子的学习少管控、少干预，学会放手，把学习的责任真正还给孩子。这样不仅能提升孩子的自主学习能力，还能有效激发孩子的学习动力。

3. 创造机会，培养孩子的学习自信心

自信是维持学习动力的重要方面。一个人如果对自己缺乏信心，往往会感到自己哪方面都不如别人，从而在学习上缺乏激情和动力。相反，自信的人相信自己具备学习的能力和潜力，能够以乐观和积极的态度对待学习过程中的挑战和困难，从而在学习上更容易取得成功。因此家长要创设多种机会，重视培养孩子的学习自信心。可以通过给予孩子适当的挑战和成功的机会，帮助学生体验到成功的喜悦，增强学习自信心；多给予孩子正面的肯定和鼓励，帮助他们建立自信心；注重培养孩子的成长型思维，教育孩子相信自己的能力可以通过努力来提高，而不是依赖于天生的智力或才能。当孩子遇到困难时，家长可引导孩子改变思维方式，从“我做不到”变成“我还没有学会如何做”，鼓励孩子将失败视为学习和成长的机会，从中吸取经验教训。通过这些方法，可以有效地培养孩子的学习自信心，进而提升学习动力。

4. 科学引导，帮助孩子设定合理的学习目标

学习目标是孩子学习动力的来源之一。当孩子明确自己的学习目标时，会有明确的目标感和方向感，从而激发孩子的学习动力。因此，家长要帮助孩子设定合理的学习目标，可遵循“最近发展区”理论，引导孩子以当前的能力水平为基础，制订略高于现在水平的目标，也就是让孩子通过努力能够达到的目标，合理的学习目标就可以有效激发和维持孩子的学习动力。另外，为了更好地达成目标，家长还可以引导孩子将长远的总目标分解成一个个近期的小目标，伴随着小目标的实现来提升孩子的学习自信心和内驱动力。

5. 榜样示范，激发孩子学习的内驱动力

家长的榜样示范对孩子的学习动力也有着至关重要的影响。比如家长的行为示范对孩子的学习动力就有直接影响。如果家长能够以身作则，积极学习、勤奋工作，孩子会受到这种积极向上的氛围影响，形成积极的学习态度；家长的言行一致对孩子的学习动力就有深远影响。如果家长言行不一致，孩子会对家长的教导产生怀疑，失去对家长的信任，从而影响他们的学习动力；家长的规则意识也会对孩子的学习动力产生影响。如果家长能够遵守规则，孩子会受到良好的示范，明白遵守规则的重要性，从而在学习和生活中更加自律和有动力。相反，如果家长不遵守规则，孩子可能会觉得规则可以随意打破，从而难以养成良好的学习习惯。

总之，激发和维持孩子的学习动力是一个长期的过程，需要家长持久的耐心和不懈的努力，帮助孩子建立正确的学习观念和目标，以提高孩子的学习效率和质量。

14 孩子学习容易骄傲自满，怎么办？

困惑打卡

孩子学习成绩一直比较优秀，经常被表扬和奖励，但孩子特别容易骄傲自满，总是喜欢和成绩不如自己的同学做比较，没有远大的理想和目标，为此家长很苦恼。

家长心声

家长 A：最近我发现孩子的学习出现了骄傲自满的情绪，学习稍有进步就有点“飘”，学习明显不如之前努力了，松懈、懒散，遇到不懂不会的问题也不像之前那么着急了。对此我非常着急。

家长 B：我家孩子学习上一直都有点骄傲自满，我也知道孩子取得好成绩后有点小骄傲很正常，但我担心过度的骄傲会影响他的学习态度，担心孩子会因此而放松，不再追求更高的目标而导致成绩下滑。

师说心语

孩子在取得了好成绩后有点骄傲自满的情绪反应，这是比较正常也是比较常见的现象，站在孩子的角度也是完全可以理解的。但站在家长的角度，家长对孩子学习容易骄傲自满感到着急、担心、苦恼也是可以理解的。因为家长担心骄傲自满可能会让孩子满足于已有成绩，不愿意接受新的挑战；可能会让孩子过分自信，固执己见，不愿意听取他人的意见；可能会让孩子不能正视自己的问题，看不到别人的长处，盲目优越，放松对自身的要求。家长的这些担心不无道理，骄傲自满确实会对孩子的长远发展带来很多负面影响。因此，面对孩子学习容易骄傲自满的问题，家长要理性接纳而不是盲目排斥，要科学引导而不是简单地批评否定。

那么家长可以怎样科学引导孩子呢？

1. 了解心理产生机制，找到问题产生的真正原因

骄傲自满的心理机制主要包括自卑感和自负感两种。

由自卑感引发的骄傲自满是一种虚假的优越感，是一种自我欺骗的手段，是心理的过度防卫，这种行为背后隐藏的是对自身不足的恐惧和对优越感的渴望。这类孩子的内心深处有强烈的自卑感，往往会通过外在的行为和言语来表现自己很优秀，以此来掩盖内心的自卑。他们常常会在别人面前夸大自己的成就，甚至通过贬低他人来抬高自己，试图通过炫耀自己的成就来获得他人的认可；他们有时还喜欢在别人面前展示自己的成就，表现出一种高高在上的态度，但实际上这种行为只是他们内心自卑的一种表现。

由自负感引发的骄傲自满，心理上都存在着优越情结，自负、看不起他人。这类孩子往往自视过高，而这种过高的自我评价往往源于他人的过度夸奖、学习生活的一帆风顺、缺少挫折与磨炼以及过于优越的条件。这种优越情结导致孩子不能正确反思自我，觉得自己什么都行；常常沾沾自喜于过往的成就，不能时时自我更正，甚至产生看不起别人的心理。

因此家长要了解引发孩子学习骄傲自满的心理机制，有针对性地采取应对策略，帮助孩子更好地管理自己的情绪和行为，避免骄傲自满带来的负面影响。

2. 正确表扬，防止孩子产生“优越情结”

当孩子因取得好成绩而出现骄傲自满的情绪时，家长首先要对孩子成绩的认可和努力付出进行表扬，让孩子知道家长一直关注着他的成长与进步。家长表扬孩子时，一定要注意采用正确的表扬方式，而且表扬的内容一定是孩子的努力和进步，而不是孩子的天赋和成绩。这样的表扬可以让孩子明白，成功来自自身的努力和不断进步；如果家长发现孩子被他人过度夸奖时，要及时把孩子从过度的称赞中“拉出来”，提醒孩子清醒看待他人的赞扬，冷静看待已取得的成绩，学会对自己的认识进行理智地剖析和批判，正确看待自己的优点和缺点，真切理解“山外有山、人外有人”的内涵。

3. 巧设“障碍”,揭开孩子“虚假优越”的面纱

有“优越情结”的孩子自负感和好胜心都特别强,“好胜”心理是把双刃剑,使用得当会促进孩子不断攀越学习高峰,而使用不当则会成为孩子成长的绊脚石。好胜心强的孩子抗压性一般比较差,往往越是好胜的孩子越不能经受失败和挫折的打击,这在一定程度上也抑制了孩子的发展。平时生活中家长要多对孩子进行抗逆力的训练。可以适当地给孩子的学习设置一些小障碍,让孩子面临一些失败和挫折。适当的失败可以让孩子更好地认识自己,发现自己的不足。家长还可以给孩子增加适当的压力,帮助孩子正确看待自己的成就,避免因优越感而产生骄傲的情绪。

4. 以身作则,培养孩子谦虚的品质

家长是孩子最好的榜样,生活中时时处处尽量表现出谦虚、低调的品质,为孩子树立正确的价值观和人生观。家长可以在日常生活中通过自身的言行来培养孩子的谦虚品质。比如家长可以在孩子面前展示自己的不足,鼓励孩子主动发现他人的长处,让孩子明白每个人都有自己的长处和短处,学会虚心向他人学习;家长还要鼓励孩子多读书、读好书,通过读书开阔自己的视野,提升自己的认知,了解骄傲自满的危害;家长要有意识地培养孩子的自我认知和评价能力,引导孩子全面认识自己,鼓励孩子虚心接受别人的意见和建议,让孩子在现实生活中真切领悟“骄傲使人落后,虚心使人进步”的道理。另外,家长要努力营造一种温馨、和谐、积极向上的家庭氛围,在这样的家庭环境中孩子更容易形成谦虚谨慎的品质,避免骄傲自满的情绪产生。

总之,当发现孩子学习出现骄傲自满情绪时,家长要在理解孩子的基础上采取措施积极应对,引导孩子既不自卑也不自负,始终保持谦虚和进取的态度。这样孩子才能在学习和成长的道路上不断进步。

15 孩子成绩不稳定，怎么办？

困惑打卡

孩子最近几次的考试成绩忽高忽低，特别不稳定，家长非常着急，情绪过激时忍不住批评、指责孩子，导致孩子的压力很大，情绪低落。家长知道责怪孩子没什么用处，但又不知道怎么做能够真正帮到孩子。

家长心声

家长 A：我家孩子的学习成绩就像坐过山车，忽高忽低，波动非常大，这让我十分困惑和烦恼。我不明白为什么孩子的学习成绩会如此不稳定，是学习方法出了问题，还是孩子的心态不够稳定？特别想找到有效方法帮助孩子解决这个问题。

家长 B：我家孩子进入高三后，学习成绩开始出现不稳定的情况。临近高考了，如果孩子的学习成绩还是不稳定，会直接影响孩子的高考心态和水平的发挥。由于我过于紧张和担心，无形中给孩子施加了过大的压力，孩子也随之紧张焦虑起来。作为家长，我不知道该如何帮助孩子解决这个问题？

师说心语

孩子的成绩忽高忽低是困扰很多家长的问题。其实成绩不稳定，在高中阶段是一个很正常的现象，即便是学习再好的学生，成绩也难免有波动。但成绩的每次波动，或多或少都会影响孩子的情绪。因此家长要帮助孩子找到成绩不稳定的原因，科学引导，对症下药。

那么当孩子的成绩不稳定，家长都可以怎么做呢？

1. 了解孩子成绩不稳定的原因，对症下药

孩子成绩不稳定的原因有很多，有的孩子可能是因为没有掌握有效的学习方法和技巧，导致学习效率低下；有的孩子可能是因为对某些知识点的学习浅尝辄止，不求甚解，导致基础不扎实；有的孩子可能是因为对考试题型的创新性和复杂性没有充分准备，考试题型与平时练习的题型存在差异，导致考试失分过多；有的孩子可能是因为考试压力大，心态不好，容易紧张或焦虑，导致发挥失常；有的孩子可能是因为在某些学科上遇到困难，或者是养成了一些不良的学习习惯，导致了成绩波动大。另外，家庭环境的变化、学校的学习氛围、人际关系、孩子的身体状况、睡眠质量等都可能对孩子的成绩稳定性造成影响。

有专家对考试成绩总结了这样一个公式，即考试分数＝个人实际水平±考试规范性±考题适应性±临场心理发挥±批卷老师匹配性±其他不确定因素。这个公式的科学性虽有待考究，但在一定程度上反映出孩子每次考试成绩的取得都会受到多种因素的影响。

因此当孩子成绩不稳定时，家长应该调整心态，和孩子一起认真分析原因，找到解决问题的方案。

2. 稳住心态，相信孩子

看到孩子忽起忽落的成绩，家长首先要稳住自己的心态，一定不要因为孩子一两次的成绩好就沾沾自喜，也不要因为孩子一两次成绩差而心急焦虑；一定不要因为孩子成绩的不稳定就认为孩子没好好学，一上来就批评孩子。家长要认识并相信“孩子的成绩有起落是正常的”，家长只有稳住了自己的心态，才能以平常心与孩子探讨考试的得失，总结成功经验和失败教训。

孩子成绩出现起伏，只要家长相信这是正常反应，发自内心地坚信自己的孩子，毫不动摇，那孩子落下去的成绩就一定会赶上来。家长的坚信与努力，是孩子最有力的心理支撑。但家长一定不要盲目相信，而是要理性面对孩子不稳定的成绩，找到原因和适合的方法，帮助孩子稳定成绩。

3. 找准切口，精准突破

因为引发孩子成绩不稳定的原因各有不同，所以解决问题的切口和策略也是因人而异。

针对没有掌握有效学习方法和技巧的，家长可有意识地提醒孩子学习方法和技巧的重要性，多让孩子参加一些学习方法的名师指导课，借助名师课堂教会孩子掌握制订学习计划、做笔记、及时复习等方法，帮助孩子提高学习效率；针对基础知识不扎实的，家长要提醒孩子对知识点进行深入学习，扎实掌握，避免一知半解。引导孩子从平时基础知识的系统学习和基本能力的系统训练做起，通过检查、检测反馈，及时发现、解决存在的问题；针对不熟悉考试题型的，家长可提醒孩子多做一些模拟题和真题，熟悉考试的题型和难度，提高他们的应试能力；针对压力大，考试心态不好的，家长可协助孩子及时调整考试心态，通过冥想等方法帮助孩子减压放松，减少考试时的紧张和焦虑情绪；针对某些学科遇到困难的，家长要及时与学科老师沟通，争取学科老师的帮助。如果条件允许，在征得孩子同意的前提下，可阶段性地给孩子提供一对一的专题辅导，将孩子不会、不理解的知识及时补好；针对存在不良学习习惯的，家长要有持久的耐心，因为不良习惯的矫正和良好习惯的养成都不是一蹴而就的，是一个长期的过程，家长要根据孩子的实际情况，有针对地逐一协助孩子进行矫正和养成。

要想让孩子的成绩好且保持稳定，其实并无捷径可走，除了以上几点，家长还需要注意孩子的饮食、睡眠等方面，保证孩子的身体健康和精神状态良好。只有全面关注孩子的学习和生活，才能帮助孩子持续取得更好的成绩。

4. 巧用考试，稳定成绩

家长要始终保持一颗平常心，理性看待每一场考试，理性看待孩子的每一次成绩和排名。

每次考试成绩出来后，家长一定不要只关注孩子的成绩和排名，而是要提醒和引导孩子客观地分析每科试卷分数得失的原因，找出自己掌握不够全面的知识点，对知识进行查漏补缺，争取在最短时间内补齐知识短板，从而有针对性地夯实学习系统中的漏洞，提高应考能力。

如果发现孩子的成绩越来越差，很有可能是孩子自己有些放弃了。因为孩子一旦觉得与预设目标相差太远，努力几次都没有收到成效时，就会因挫败而感觉没有办法达到自己想要的目标了。这时孩子就会很容易泄气，如果真的是这样的情况，家长要及时与孩子沟通，帮助孩子树立信心。

同时家长还要提醒孩子将预设的目标分解成一个个的小目标，并根据分解的小目标给自己制订一个明确的行动计划。还可以和孩子一起根据行动计划规划每天的行动措施，并随时提醒和督促孩子落实。这其实是最重要的，因为所有预想的目标都需要通过实际行动来实现。

5. 终身学习，助力成长

家长要增强终身学习的意识，多学习家庭教育、心理健康教育等方面的理论知识和实践做法，不断更新教育理念，提升自身教育孩子的能力，与孩子共同成长。

当孩子成绩提高时，家长要及时表扬和肯定孩子付出的努力，并有步骤地引导孩子多角度分析考前、考中、考后的具体过程，梳理出有效提高成绩的做法，并进一步强化自身努力、学习技巧、考试心态等对成绩提升的重要影响。

当孩子成绩下滑并伴随有沮丧、伤心等负面情绪时，家长要和孩子真诚沟通，理解孩子当下的情绪和感受，倾听孩子内在的需求，对孩子作出积极正向的回应，这样有利于孩子重拾信心取得好成绩。

当孩子的成绩波动很大，特别是成绩处于下滑状态时，家长要密切关注孩子的情绪和心理状态，如果发现孩子压力太大、过于焦虑时，可以通过沟通、倾听等方式帮助孩子释放心理压力，鼓励孩子通过运动、写日记等合理的方式宣泄情绪。必要时，还可以求助专业的心理咨询。

16 孩子总是完不成作业，怎么办？

困惑打卡

孩子上高中后作业总是做不完，经常因没完成作业挨批，孩子很苦恼。家长看着孩子每天为了完成作业都熬到很晚很是心疼，但又找不到更切实的办法帮到孩子。

家长心声

家长 A：自上高中后，我家孩子就经常抱怨学习太难了，作业总是做不完。每次听到他这么说，我都特别着急。有心要开导孩子，又经常会因为说不到点上而惹到孩子，让孩子的情绪更焦躁。

家长 B：孩子升入高中后，作业也是经常做不完，这让孩子特别沮丧和挫败。看到孩子每晚熬夜，花费大量的时间和精力来完成作业，我特别担心影响孩子的身体健康，但又不知道怎么做能帮助孩子解决这一问题。

师说心语

进入高中后，很多家长都明显感觉孩子写作业的时间相对初中延长了很多，有的孩子写作业经常要写到晚上十二点多，还有的孩子晚上实在写不完，早晨还要早起补写作业，睡眠严重不足。很多家长担心孩子熬夜身体吃不消，更担心熬夜会影响第二天的学习状态。

那么面对这样的情况，家长可以怎样做呢？

1. 原因归类，精准求解

调查发现，上了高中后作业总是做不完的情况可归为三种。

第一种情况是因为各学科老师都布置了一定数量的作业，作业总量超多，导致写作业的时间不够，孩子完不成作业。在这种情况下，孩子需要在有限的时间内完成大量的作业。那么孩子要想保质保量地完成作业，就只能反复地通过晚睡早起，来拉长完成作业的时间。如果遇到复杂的作业，即使拉长作业时限，也可能很难完成作业。如果孩子属于这种情况，家长不必担心，因为问题不在孩子本身，可以及时与老师反映，共同解决问题。

第二种情况是作业总量是适中的，但孩子完成作业的速度很慢，导致出现总是完不成作业的情况。在这种情况下，正常孩子应该都能在规定的作业时间内，保质保量地完成作业。但有的孩子是写字慢；有的孩子是上课注意力不集中，经常走神，跟不上老师的讲课节奏，知识掌握不扎实，写作业就需要花费很多时间；有的孩子是缺乏完成作业的方法，不会按照作业难易灵活安排作业顺序，不会先复习功课再写作业，只是盲目地为了完成作业而完成作业；有的孩子是不会合理安排作业时间、磨蹭等等。

第三种情况是孩子拖拉不爱写作业。这种情况下，孩子大多表现为学习的目标性不够明确，学习动力不足，自我控制力弱，缺乏坚定的学习毅力。再加上智能手机、网络游戏等现代科技产品的诱惑，很容易成为孩子完成作业的干扰因素，进而导致孩子总是完不成作业。

如果孩子总是完不成作业，家长首先要稳住情绪，心平气和地和孩子沟通，了解孩子完不成作业的具体情况，并进行原因归类。如果孩子完不成作业是因为第二和第三种情况的，那么家长就要引起高度重视，一定要找准原因，及时精准解决问题。

2. 指导孩子合理安排作业时间

同样的作业量，有的孩子能快速高质量地完成，与其合理安排作业时间有直接关系。这些孩子时间管理的能力都很高，往往会合理安排自己的作业时间，会充分利用在校的碎片化时间，比如课间、饭后，见缝插针地写作业。别人在说笑时，这些孩子可能已经完成了一部分的作业任务了。如果自家孩子缺乏时间管理的技能，家长就要有意识地指导孩子合理安排作业时间，教给孩子一些作业时间管理的方法。

家长可以指导孩子制订时间表，提示孩子利用每天的碎片化时间完成作业；可以鼓励孩子采用“番茄工作法”来管理自己的作业时间。这种方法是将整个的作业时间划分为若干个25分钟的小块，每个小块之间休息5分钟，每完成4个小块后休息15～30分钟。这种方法可以帮助孩子持续地保持专注力，提高完成作业的效率；家长还可以教孩子用“时间统计和复盘”的方式提前规划设定完成作业的时间。这种方法是让孩子先进行一段时间的作业时间统计，取平均值作为参考时间，并通过复盘帮助孩子提高完成作业的速度。

3. 帮助孩子掌握写作业的技巧和方法

有些孩子总是完不成作业，一个重要原因是遇到难题总喜欢“死磕到底”，做不出来不罢休。结果往往是浪费了很多时间也没有做出来，写作业的心态也崩溃了。这当中就蕴含着很多写作业的技巧和方法。比如，家长可以提示孩子写作业前要提前梳理作业的总量和难度，合理安排写作业的顺序；家长要告诉孩子如果在作业中遇到了难题，通过深入思考还是做不出来时，那就学会暂时放下，先去处理后面会做的题或其他难度低的作业，最后再回过头来攻克难题。这样做不仅可以节省大量时间，而且能提高作业效率；对于作业中不会的问题，家长要鼓励孩子不要怕，学会将不会的问题进行汇总整理，及时向老师或同学请教。

4. 与学科老师保持密切联系

各学科老师布置作业是站在全班学生整体角度上考虑的，不一定能照顾到每个孩子的个性化需求。因此家长要始终与学科老师保持密切联系，这样既可以及时了解孩子在学校中的学习情况和表现，也可以随时将孩子完成作业的情况反馈给学科老师。如果孩子学习轻松，每天的作业满足不了孩子的学习需求，或者是学习吃力，完成全部作业存在一定的困难，家长就可以与学科老师深入沟通，为孩子争取作业的选择权和自主权。就是让孩子根据自己的实际情况，有所选择地完成作业，确保作业的质量。相信高效合理、有选择地做作业，一定会给孩子带来有针对性的帮助。这样不但会减轻孩子的作业压力，而且还能帮助孩子养成主动完成作业的习惯。

通过这些方法，家长可以帮助孩子更好地管理作业时间，提升写作业的效率，从而减少完不成作业的情况。

17 孩子学习不能持之以恒，怎么办？

困惑打卡

孩子上高中后，明白学习是自己的事了，虽然学习有了一定的主动性，能够自主安排自己的学习并努力付诸行动，但这种状态总是持续不了多长时间。家长对孩子不能持之以恒地学习很苦恼，不知该怎么办？

家长心声

家长A：我家孩子的学习总是"三分钟热度"，缺乏持之以恒的精神，孩子上了高中后，随着课程内容和难度增大，我就开始担心这种学习状态会影响到他的学业成绩，曾尝试与孩子沟通过，但效果很不理想，为此我很烦恼。

家长B：我家孩子的学习状态也是如此，在学习上的努力往往只是一时的，无法做到持之以恒。孩子也明白"只有持之以恒不懈地努力，学习才能真正进步"的道理，但就是做不到学习上的持之以恒。现在孩子自己也特别想改变这种学习状态，但我和孩子都没有找到更好的办法。

师说心语

学习中的持之以恒是当学习目标确立后，为了实现这个既定目标而进行不懈努力，直到目标实现的一种心理状态。持之以恒的人通常都会有一个明确的目标，有由目标激发出的前进动力和决心；当遇到困难和挫折时能够坚持不懈，不轻易放弃，而且无论何时都能够自我调节情绪和行为，并通过设定奖励和惩罚机制，激励自己不断前进。因此，持之以恒不仅是一种行为习惯，更是一种心理品质。

孩子努力学习固然重要，但对整个学习过程起决定性作用的，往往是他的坚持，是持之以恒的态度。持之以恒是孩子学业成功的关键，这种心理品质对孩子的个人成长和未来成就都具有深远的影响。

据了解，很多高中孩子都或多或少存在着做事没耐心、学习不能持之以恒的问题，这是家长特别头疼也特别着急解决的问题。孩子学习不能持之以恒的原因主要包括目标不明确、缺少动力、对学习不感兴趣、缺乏自信、时间管理不当和缺少自制力等等。

那么针对孩子学习不能持之以恒的问题，家长可以怎么做呢？

1. 重点突破，培养孩子的目标思维

家长要想从根本上解决孩子学习不能持之以恒的问题，就需要找到问题解决的关键，重点突破。很多家长的成功经验证明，培养孩子的目标思维是解决这一问题的最根本办法。

目标思维就是建立一个价值导向，通过这个导向来支配孩子的所有行为，让所有行为的重心都朝着最终目标靠拢。如果孩子没有目标思维，就如同失去方向的航船。因此家长要想办法培养孩子的目标思维，让孩子在目标思维的指引下一步步朝着自己的目标前进，最终实现自我价值。

家长可按照下面的思路来培养孩子的目标思维。

第一，淡化目标概念，将目标趣味化。

好奇心强、玩性大是高中孩子的天性。家长可以利用孩子的这一天性，将学习目标趣味化，让目标实现更贴近孩子的心理。家长可有意识地淡化“目标”这个概念，把培养孩子目标思维这件事看成一个闯关游戏，这样做就很好地迎合了孩子喜欢玩、好奇心强的心理，让本是抽象的“目标”变得更有吸引力，更容易接受。当孩子能够独立自主完成目标之后，也就意味着孩子开始有建立目标思维的思路了。

第二，引导孩子拆分细化目标内容，保证目标难度逐级增加。

长远的大目标看起来很宏大、很遥远，常常让孩子可望不可即，遇到困难和挫折时很容易半途而废，直接影响孩子持之以恒这一心理品质的养成。所有的长远大目标都是由一个个小目标构成的。家长可以引导孩子把遥不可及的长远大目标拆分成一个个的近期小目标，再把小目标继续拆分细化成每日可做的具体事情为止。

很显然，目标拆分细化得越明确、越具体，孩子就越容易实现自己的目标，当然也就越能感受到持之以恒在目标实现的过程中，给自己带来的成长和进步。

第三，提示孩子阶段复盘，不断完善优化目标

目标在实现的过程中，并不是一成不变的，有时候会因为存在纰漏而需要进行及时调整，以免造成更大偏差。因此家长有必要提醒和教会孩子阶段性地对"目标与结果"进行复盘，看看是否偏离了目标方向。

复盘时，家长可先让孩子回顾一下最初设定的目标和预先制定的目标计划是什么；然后把阶段成果与预期目标、计划进行对比，评估哪些地方做得比较好，哪些地方未能达到预期；从中找出导致成功或者失败的原因及关键因素是什么，主要是要让孩子明白，从阶段复盘的过程中学到了什么。如果以后遇到类似情况，应该怎样处理应对。

在复盘的过程中，家长要引导孩子好好把握住复盘的重点，无须面面俱到。另外，家长一定要引导孩子养成定期复盘的习惯，定期地回顾和梳理，就可以把相同或相关联的事情联系起来，进而发现有共性的以及深层次的问题。如果发现孩子制订的某个目标，在经过实践后发现并不适合，家长就要及时引导孩子做出调整，重新优化或制订新的目标，让孩子及时止损。

第四，及时给予孩子鼓励和奖励，但要注意方式和频次

即使孩子树立了明确的目标，但孩子在周而复始的学习过程中，难免会对学习产生厌倦感。学会克服这种厌倦感，也是孩子需要掌握的技能。最好的办法就是及时给予孩子精神鼓励或物质奖励，但要适可而止，注意奖励的方式和频次。

当孩子拥有了目标思维，找到了人生方向，那么做事没耐心、学习不能持之以恒的问题也就从根本上得到了解决。

2. 细节拿捏，不放过每次教育机会

持之以恒的心理品质不是一朝一夕就能养成的，这就需要家长做生活的有心人、做教育的有心人，不放过生活中每一个可以利用的教育机会，将培养孩子持之以恒的心理品质，蕴含在生活的每一个细节中，精准拿捏，事半功倍。

生活中，家长可利用的小细节、可抓住的教育契机真的是太多太多了，以下是一些经过实践检验的、比较成功的经验做法，供家长参考借鉴。

方法一，延迟满足孩子的需求。当孩子提出需求时，家长一定不要立刻满足。可以给孩子提出一个力所能及的任务，告诉孩子通过自己的努力完成任务后，不仅能获得想要的东西，还可以得到更多奖励。这样既让孩子学会了坚持、学会了持之以恒，还学会了等待和珍惜。

方法二，培养孩子“专注完成一件事情”的习惯。家长一定不要让孩子同时坚持多个目标，引导孩子养成“每个时期只给自己设定一个目标，或者一次只专注完成一件事情”的好习惯，这样做更有利于持之以恒心理品质的养成。

方法三，给孩子设置适当的学习障碍。家长可以有意识地给孩子设置一些障碍，为孩子提供克服困难的机会。让孩子知道，越是在困难的环境中，越能磨砺自己的耐心和毅力，越有利于持之以恒心理品质的形成。

方法四，让孩子在体育运动中磨炼意志。通过体育运动培养孩子坚持不懈的品质，也是比较适合高中孩子的有效方法。如果孩子的体能允许，家长还可以多鼓励孩子参加体育比赛。因为要想在体育比赛中获得胜利，都需要经过长期坚持不懈的训练，经历成千上万次的枯燥练习。这种坚持不懈，不仅强健了孩子的体魄，更在无形中锤炼了意志，培养了孩子持之以恒的心理品质。

方法五，及时对孩子进行正向反馈。孩子无论做什么事情，家长都要及时给予孩子一些正向反馈，这样孩子就能不断地体验到成就感，就会努力地坚持下去，不会“三分钟热度”。即使孩子失败了，家长也要看到其中的积极面，多鼓励、肯定孩子的努力。

方法六，以身作则，起表率作用。除了让孩子自身努力之外，家长还要以身作则，起到表率作用。无论一件事情有多么不情愿，也要坚持将它完成。家长的行为、品质对孩子有深远影响，家长要在孩子面前，尽可能多地展示自己持之以恒的心理品质，努力成为孩子学习的榜样。

有效的方法有很多，通过这些方法，家长可以有效地培养孩子持之以恒的心理品质，帮助孩子在学习和生活中更加坚韧不拔、勇往直前。

18 孩子偏科了，怎么办？

困惑打卡

孩子只爱学自己喜欢的学科，出现了偏科现象，严重影响了整体成绩。家长怎样做才能帮助孩子克服这种现象？

家长心声

家长 A：我家孩子在学习上有明显的偏好，对于不感兴趣的学科缺乏学习热情。虽然我们知道萝卜白菜各有所爱，每个孩子都会有自己喜欢的学科和不太喜欢的学科，但不感兴趣就不好好学，势必会影响成绩。我们对此很是担心，该如何引导孩子改变这种状况呢？

家长 B：我家孩子在语文、英语等学科上表现出色，但十分抵触数学，做作业时总是把数学放在最后，成绩也不太理想。我担心这种顾此失彼的不平衡会影响孩子的综合成绩，进而影响孩子未来的发展。想帮孩子强化一下薄弱学科，又不知道该怎样做？

师说心语

偏科问题在高中比较常见，也是导致学生总成绩不理想的主要原因之一。偏科分为假性偏科和真性偏科。假性偏科是指某些学科的成绩偏差都是暂时性的，可能是因为一次考试的意外或者是一段知识学习的好坏导致，一般是可以矫正的。真性偏科指的是长期处于偏科状态，投入很大精力在落后的课程上，方法用尽依然收效甚微。不管是哪种情况的偏科，家长都要引起足够重视，理性应对。孩子出现偏科现象的原因很多，概括起来主要表现在三个方面：

一是自身因素。有些孩子对某些学科不感兴趣，感觉枯燥无味，怎么也爱不起来，也很难投入精力来学习；有些孩子意识不到某个学科的重要性，觉得将来选科也不会选这个学科，也就没有了学习这个学科的动力；有些孩子天生对某个领域不敏感，缺乏相应的学科思维，学不好也不想学……

二是家长影响。孩子的学习跟父母的职业和习惯有着千丝万缕的联系，家庭的文化氛围潜移默化地影响着孩子的兴趣选择。家长擅长什么就认为孩子也擅长什么，并且在这方面也会下大气力培养孩子。当然，家长自己偏科也会认定孩子这个学科也学不好，平时就会不经意地给孩子贴上偏科的标签。受到家长错误认知的误导，孩子一开始就会认为自己这方面天生不行，从心底里抵触这个学科，久而久之就会形成习得性无助。

三是教师影响。孩子如果非常喜欢某位老师及其教学风格，上课就会认真听讲，该学科成绩自然很好；反之，如果不喜欢某位老师，很可能对这位老师任教的学科也产生厌恶，导致成绩越来越差。偏科严重虽然有机会考上大学，但如果优势学科不足以弥补这个偏差，影响到总成绩就很难考上好大学。并且，未来的很多工作需要综合性知识，任何一门课程偏科都不利于个人全面发展，可能会在解决问题、完成工作时面临知识短板的困境。因此，如果孩子存在偏科问题，家长应该及时引导，合理应对。

1. 正面引导，做孩子强有力的心理支持

孩子因为不喜欢某一学科或对某些学科不感兴趣，所以不愿意在这些学科上投入太多的学习时间和精力，致使这些学科的成绩越来越差，孩子也会因此感到焦虑、沮丧或自卑。出现了偏科问题，家长首先要接纳孩子的情绪和感受，耐心倾听孩子的想法，给予他们情感上的支持和安慰。告诉孩子：每个人都有自己的学习特点和兴趣爱好，偏科并不代表他们不聪明或没有能力；其次，家长要引导孩子理性看待偏科问题。对某些学科感不感兴趣是很多原因造成的，往往很难改变，但还是要尝试挑战自己的短板，逐渐拓展自己擅长的学科领域。特别是假性偏科，不要因为一次失利或一时落后就否定自己，只要肯努力，一切皆有可能。

2. 要调整心态，理性看待孩子的个体差异

美国发展心理学家加德纳提出的多元智力理论认为，每个人至少存在 8

种智力，即语言、数学逻辑、空间、身体运动、音乐、人际、自我认知和自然。8种智力在每个人身上的组合方式是多种多样的，每个人的智力表现各具特点。家长不要主观臆断孩子的兴趣爱好，更不要把自己的意愿强加给孩子，在没有搞清楚情况之前就给孩子贴上偏科的标签和负面的心理暗示。对于孩子擅长的科目，家长可以放手支持他，鼓励他尽最大可能发挥自己的特长，提高这些学科的学习成绩。还可以用明确的职业规划和心仪的大学进一步激励他，树立孩子对学习的信心。如果孩子的偏科问题是个体差异造成的，即真性偏科。即便孩子足够努力，方法也没有太大问题，但成绩依然不见起色，家长就要用平常心来接受现实，不再挑剔指责，积极寻找弥补的有效方法。可以与孩子一起分析弱势学科的现有水平和通过努力可以达到的最高水平，明确要达成的学习目标，引导孩子从巩固基础知识入手，加强对中等难度以下题型的练习，尽可能提高成绩，确保学业考试顺利过关。当然，孩子选科时，家长一定要告诉孩子尽可能地避开弱势学科，以免影响高考成绩。

3. 多方求助，引导孩子找到有效的学习方法

努力学习很重要，但正确的学习方法比努力更重要！很多孩子对某一学科失去兴趣，有可能是他们的学习方法存在问题。没有好的学习策略和方法，即便花费了时间，付出了努力，也很难取得理想的成绩。不同学科的学习方法各有不同，如何让孩子掌握正确的学习方法呢？家长可以鼓励孩子多向任课教师请教，也可以找专业老师对孩子的学习情况作出评估和诊断，提出改进意见。另外，还可以引导孩子多向比自己学得好的同学虚心求教，交流探讨学习经验，然后结合自己的学习实际情况进行修正，找到适合自己的学习方法。

4. 换位思考，全面认识和评价老师

有的孩子因不喜欢某位老师而不喜欢学习这位老师所教授的课程，这种情况也很常见。正所谓亲其师，信其道。如果是孩子因为不喜欢任课老师而不喜欢学习某门学科，家长就需要引导孩子认识到：因为不喜欢老师的教学风格、管理方式等原因放弃对某门学科的学习是不理智的，这样做其实放弃的是自己的未来。家长要鼓励孩子学会正确全面地了解和认识老师，让孩子懂得老师性格不同，授课风格也会不同，要学会适应不同老师的授课风格，同时还要多和老师沟通，主动把自己的困惑与老师交流，取得老师的理解与帮助，帮助孩子逐步改善偏科情况，促进孩子全面发展。

19 孩子考试怯场，怎么办？

困惑打卡

有些孩子平时学习能力强，成绩也很不错，但一遇到重大考试，就会因为过分紧张而出现焦虑、烦躁等情绪，严重影响其正常发挥，导致孩子考试成绩不理想。作为家长，对此十分担心和困惑。

家长心声

家长 A：我家孩子一到期末考试就会出现明显的焦虑情绪，吃不下饭，睡不着觉，甚至紧张到呕吐，我们做家长的非常心疼。成绩好坏已经顾不上了，我们担心的是这样下去会影响孩子的身体健康。怎样做才能帮孩子解决考试怯场这个问题呢？

家长 B：我家孩子一遇到重大考试就紧张、注意力难以集中，无法正常答卷。我担心孩子的这种情况会影响她的考试成绩和学业发展，尝试过给予她鼓励和支持，但效果并不明显。有没有更有效的方法能提升孩子的心理素质，缓解她的考试焦虑呢？

师说心语

考试怯场，也称为考试焦虑，是一种常见的心理现象，通常表现为在考试环境中感到过度紧张、情绪不安，甚至影响到正常发挥。造成考试怯场的原因有很多，概括起来有以下几点：

过分在意结果。有些孩子对自己有较高的要求，或者家长和老师的期望值过高，对考试结果过分在意，过度担忧无法达到预期目标，导致心理压力过大，从而引发怯场。

知识准备不充分。有些孩子平时学习上有漏洞，知识掌握不扎实。考前复习又不全面，对考试内容准备不足，可能会在考试中感到手足无措。

缺乏自信心。有些孩子本来就对某些学科学习缺乏自信，如果再有过考试失败的经历或过分自卑，往往会怀疑自己的能力，总是担心自己考不好，可能会导致考前的焦虑程度较高。

心理压力过大。有些孩子没有做好应对考试压力的心理准备，或心理素质差，就可能会在考试中出现意外情况时感到惊恐，甚至考试的氛围，如：时间限制、监考老师的巡视等都可能让孩子紧张，从而对考试产生恐惧和不安。

身体状况不佳。长时间的学习和复习可能导致的身体疲劳，或者考试前熬夜失眠或其他不良生活习惯可能导致的身体和心理不适，都有可能影响考试时的发挥，导致考试怯场。

如果考试怯场，实际水平发挥不出来，导致成绩不理想，孩子很容易陷入无尽的沮丧、无助甚至是绝望中，进而影响整个学业发展。因此，家长要帮助孩子尽早解决这个问题。

1. 保持平常心，缓解孩子的心理压力

有些家长盲目与他人攀比或喜欢将自己的愿望寄托到孩子身上，对孩子的期望过高，希望孩子可以考上好大学，来完成自己过去未能实现的愿望，这种投射心理会加重孩子的心理负担，面临考试就容易产生紧张、焦虑情绪。因此，家长在平时不要给孩子盲目定过高目标，避免出现达不到就进行惩罚之类的情况。临近考试时，不要频繁提及考试，说得越多，考试时刺激孩子产生紧张情绪的信号就越多。考试前和考试期间，适当改善一下饮食是可以的，但不要刻意为孩子做过多的改变，过度的关照也会增加孩子的心理压力。

2. 正确对待考试，引导孩子设置合理目标

家长要清醒地认识并接纳孩子的真实水平，孩子只要努力学习，认真复习，能考出自己的实际水平就行了。家长应在少给孩子压力的同时，引导孩子正确认识考试的意义，不要把考试结果看得过重，不要给自己定太高的目标。从孩子的实际水平出发，和孩子一起设置合理的考试目标，提升孩子的自信心。告诉孩子考试是为了检验学习成果或发现学习问题的，遇见不熟悉或不会的题目

是正常现象，其他同学也会遇到。“胜败乃兵家常事”，偶尔的考试失利只能说明一时的失误或准备不充分，不至于影响自己的一生。与其患得患失，不如把压力转化为动力，认真做好考试分析，找出问题加以整改，把心思放在下一阶段的学习上，争取在下次考试时能做到轻松应考。

3. 做好考前准备，指导孩子科学应考

功夫要下在平时。在日常学习中，家长首先要了解孩子学业中的薄弱环节，考前督促孩子有针对性地加强复习，做好充分的知识储备，考试时胸有成竹也就不会怯场了。其次，可以教给孩子一些应试技巧，比如事先明确自己答卷的程序和要求，按部就班去做。这个基本程序和要求，让孩子平时小测验和阶段考试中就坚持做到，养成习惯，比较大的考试就会自然地镇定应考了。再次，针对考试时会让孩子感到紧张的一些意外情况，在考前和孩子一起讨论好对策，比如遇到不会答的题目该如何处理等。这种针对性有意识的演练，能够把意外之事变为意料之中的事，考试时就不至于心慌意乱了。最后，教给孩子一些缓解紧张情绪的小技巧。比如腹式呼吸法、蝴蝶拍等方法可以帮助孩子在考试前和考试中缓解紧张情绪。考试时实在太紧张，还可以暂时地强迫自己把注意力集中在考试以外的事物上，想一小会儿自己感兴趣的事情，使自己平静下来。可以在内心里反复默念：“我早就准备好了，就等这一天”，“我今天状态很好，头脑清醒，思维敏捷”等暗示语，也能有效地缓解紧张情绪。遇到思维“短路”的情形，可以把这个问题放下，先去看其他问题。

4. 劳逸结合，督促孩子保持良好的生活习惯

考试前，家长要督促孩子劳逸结合，避免连续长时间熬夜学习。引导孩子合理安排学习和休息时间，不要随意打乱日常的作息习惯，保证充足的睡眠，让大脑保持清醒状态，避免考前过度劳累，这样在考场上才能更好地发挥。同时，合理安排孩子的饮食，保证营养均衡。清淡饮食，多吃蔬菜水果等有助于提高身体机能和缓解疲劳的食物，避免吃过于油腻或刺激性的食物，以免影响身体状态。

5. 不放弃不抛弃，积极寻求专业帮助

如果孩子的考试焦虑持续时间较长，严重影响到正常的学习与生活，且无法通过家庭教育和环境调整得到改善，家长可以寻求学校心理老师或专业机构的帮助。通过专业的心理干预和治疗手段，帮助孩子尽快战胜“心魔”，调整情绪状态，提高自信心，轻松应考。

20 孩子对学习没兴趣，怎么办？

困惑打卡

孩子对学习失去兴趣，从不主动学习，上课不听课，课后不完成作业，成绩也一塌糊涂。家长尝试过很多方法帮助他，但效果都不大明显，不知该怎么办？

家长心声

家长 A：我家孩子刚上高一的时候学习很努力，也很有干劲，但是期中考试成绩出来后对学习就再也提不起兴趣了。孩子说："我明明努力了，但也没有什么效果，感觉学不学都一样。"孩子对未来充满了迷茫，我也很着急，这样下去孩子高考该怎么办？

家长 B：我家孩子沉迷网络游戏，荒废了学习，一提学习就烦。我不断地尝试各种方法来激发他的学习兴趣，总是徒劳无功。试图给他创造一个良好的学习环境，提供丰富的学习资源和有趣的学习方式，但他还是漠然置之。看着他越来越消极，我感到十分焦虑和无助。

师说心语

孩子对学习没兴趣、不主动，是很多家长面临的难题。看到别人家孩子每天努力学习、积极向上，而自己家孩子就是不爱学、不想学，整天只想玩手机，家长难免焦虑。其实，高中阶段是孩子人生中非常重要的一个阶段，孩子可能会面临各种各样的挑战，对学习失去兴趣有时候也是对现实的一种无奈逃避。我们先来看看出现这种情况的原因：

自信心缺失。有些孩子学习能力不足，学习过程中存在很多问题。不能集中注意力、无法将新旧知识联系起来、不能筛选重要内容、不能正确表达学到的知识等问题使得孩子的学习变得困难、辛苦和烦躁。面对日益繁重的课业负担孩子感到压力巨大，长此以往自信心也会受到打击，认为自己“不行”，进而对学习失去兴趣。

缺乏恒心和毅力。有些孩子缺乏勤奋向上的精神和顽强拼搏的毅力，做事不够坚持。一旦遇到困难不是积极面对，而是选择退缩或放弃，很难把事情做得有头有尾，久而久之，孩子学习上累积的问题会越来越多，渐渐地就失去了学习兴趣。

学习难度影响。学习内容的难易程度也会影响孩子的兴趣。如果内容太难，孩子缺乏解决问题的能力和经验，可能会因为长时间的挫败感而失去兴趣；如果内容太简单，孩子会因为缺乏挑战性而觉得无聊，对学习提不起兴趣。

家庭环境影响。有些家长自己对学习的态度不积极，过度使用电子产品，孩子也会受到潜移默化的影响。家长经常当着孩子的面争吵，或情绪总是阴晴不定，经常打骂惩罚孩子，孩子在家没有固定的学习时间和安静的学习空间，安全感就会受到威胁，时刻处在不安状态中的孩子很难静下心来学习。还有些父母过于看重孩子的成绩，对孩子提出过高的期望。眼里只有学习，一味强迫孩子学习，让孩子觉得家长喜欢的是学习好的孩子，而不是自己本身。孩子的成绩一旦达不到他们的要求，就会责备训斥，孩子感觉再怎么努力都无法达到父母的意愿，于是学习就成了一件很痛苦的事儿，深深的无助和无望使得孩子渐渐地对学习失去兴趣。

太多的外部诱惑。现代社会中，电子产品等高新科技产品对孩子有很大的诱惑力，手机游戏、短视频等内容更具娱乐性和即时性，很容易吸引孩子的注意力，孩子迷失其中，投入大量的时间和精力，无心学习，逐渐对学习失去兴趣。

学习兴趣是学习活动的动力源，对学习没有兴趣是孩子学习不好的主要原因。调查显示，对学习有浓厚兴趣、自觉性高的孩子会主动持久地学习，注意力高度集中，肯动脑筋，专心听讲，爱提问题，按时完成作业。而那些缺乏学习兴趣的孩子往往会把学习看成一种负担，学习不专心，不努力，敷衍了事，遇到困难易产生消极畏难情绪。因此，想要孩子成绩好，家长必须尽快帮他找到那把“我愿意”的钥匙。

1. 从兴趣入手，引导孩子确立明确的目标

引导孩子设定一些能够实现的短期目标，目标一定要小而具体，并且适合孩子的年龄和能力水平。比如本月要提高某一学科的考试成绩多少分等。当孩子达到这些目标时，他们会获得成就感，从而提高学习兴趣和自信心。在此基础上，再逐步引导孩子建立长期的学习目标。当孩子在学习上取得进步或者达到设定的目标时，给予适当的奖励。奖励既可以是物质的，也可以是精神的，如表扬、赞美或者给予特殊的权利（如多玩一会儿游戏）等，激励孩子对学习保持兴趣。

对于大一些的目标，可以先从孩子感兴趣的领域入手。和孩子一起讨论他的兴趣，帮他认识到某些学习内容和他想做的事情之间的关联。比如，孩子听了某个科学家的故事，自己也想成为科学家，就可以通过一些实际案例告诉他，“如果你将来想成为一个科学家，数学和物理是你必须掌握的工具”。真正有效的目标，一定不是你“布置”给孩子的，而是你引导孩子自己去建立的。

2. 创设成功体验，提升孩子学习的自信心

自信心是孩子学习兴趣的基础，尽量为孩子创造一些“成功体验”。比如，当孩子在学习中遇到困难时，别总盯着错误不放，而是要引导他尝试去思考解决办法，支持他自己去克服困难，帮助他发展解决问题的能力，让他持续不断地体会到微小的成功。允许孩子按照自己的想法去做事情，不要轻易否定孩子的想法。如果孩子在解决学习问题时有自己独特的思路，家长应该鼓励他勇敢挑战。即使可能失败，这种包容也会让孩子更有兴趣去探索学习内容。

当孩子挑战成功时，会感受到自己的能力在提升，从而对学习更有兴趣。此时，家长也要及时给予肯定，帮助他重建学习的自信心。在孩子学习的过程中，这样的肯定和鼓励要持续存在，不仅仅是简单地说“你很棒”“你很聪明”，还要发自内心地欣赏孩子的努力和进步，如“妈妈看到了你在这道题上思考的过程，非常认真，这就是进步”等。这种真诚的鼓励会让孩子感受到自己的努力被认可，学习兴趣也会得到进一步强化。

3. 关注孩子情绪，营造积极的学习环境

家庭氛围对孩子的成长至关重要，对孩子的学习兴趣也有很大的影响。因此，家长要努力营造浓郁的家庭学习氛围。如果家里电视、手机常开，家长也经常沉迷于电子设备中，孩子自然会被这些干扰分心。因此，家长首先要给孩子安排一个固定、安静的学习区域，确保这个区域不会有过多的干扰。同时，设定固定的学习时间，让孩子能在一定的时间内专注学习，让学习成为习惯。家长还要从自己做起，少看电视，不刷手机，多学习，多读书，做孩子的榜样。这样不仅能在无形中约束孩子的行为，还能潜移默化地让孩子喜欢上学习，觉得学习是一件快乐的、有意义的事，从而产生浓厚的学习兴趣。特别提醒一点，要严格限制电子产品和网络的使用时间，避免孩子过度依赖电子产品和网络娱乐。

家长在孩子学习方面管得越多越用力，孩子反抗得越激烈，对学习也就越排斥，甚至会破坏亲子关系。当孩子对学习失去兴趣时，家长一定要调整自己的心态，不要一味地指责训斥，而要细心观察孩子的情绪变化，耐心倾听孩子的想法和感受，了解他们对学习的态度和想法，站在孩子的角度理解他们的压力和困惑，共同寻找解决问题的方法，让他们感受到来自家庭的温暖和支持。

4. 尊重孩子意愿，引导孩子找到适合的学习方法

每个孩子都有自己的学习特点，帮助孩子找到适合自己特点的学习方法是提高孩子学习效率的关键。因此，父母要重视对孩子学习方法的正确指导，帮孩子找到最适合的学习方式。

孩子对自己的认识往往不够全面，在学习方法的选择上需要家长的帮助。当孩子的学习出现问题时，家长应该细心观察，看自己的孩子适合什么样的学习方式。可以陪孩子一起探索，帮助孩子分析各种学习方法的利弊，心平气和地提出自己的建议，探讨是否存在可以改进的地方，怎样改进才能取得更好的效果。当原有的学习方法不适合新的学习内容时，家长可以引导孩子在学习方法上进行尝试和创新，根据自己的实际情况去探索最有效的学习方法。在孩子尝试的过程中，家长可以全程跟进，和孩子交流自己的看法，发现问题提出建议供孩子参考。但必须尊重孩子的想法，允许孩子自己去尝试，这样能帮孩子更好地认识自己，从而选择最适合自己的学习方法。

5. 把学习融入日常，让学习成为一种生活方式

学习不应该仅仅局限于书本和课堂，未来的考试改革趋势也会越来越看重知识的综合运用。因此，家长要引导孩子把学习融入日常生活中，让他发现知识无处不在，与生活息息相关。给孩子提供一些有趣的学习资源，如有趣的科普书籍、教育类的短视频等;带孩子参加一些与学习相关的活动,比如参观博物馆、文化馆、科技馆等,激发孩子的求知欲和探索精神;和孩子一起去植物园、动物园、海洋馆等地方游玩,让孩子对世界充满好奇感,保持强烈的求知欲,进而对学习产生兴趣;购物的时候,可以让孩子帮忙计算价格和折扣等;带孩子参加一些社会实践活动,比如参观大学校园、实验室,或是参加科普讲座,开阔和拓展孩子的眼界,提升孩子的学习兴趣。

著名诗人叶芝说:“教育不是灌满一桶水,而是点燃一把火。每个孩子内心深处都有学习的渴望。”家长必须减少那些破坏孩子内驱力的做法,不再只盯着他的考试成绩,不再一味硬逼着他学习,学习的主动性才有可能被真正建立,孩子也才有可能重新燃起学习的兴趣。

21 孩子成绩持续下降，怎么办？

困惑打卡

上高中后，有些孩子的学习成绩会在一个阶段内持续下降。学习状态很差劲，感觉什么题都不会做，分不出知识的重点主次，整个人都是茫然的。家长特别担心孩子从此一蹶不振，不知道怎么办好？

家长心声

家长 A：我家孩子是在高二下学期出现这种情况的。一开始孩子还信心满满。说下次就好了。可连续的几次考试失利后，孩子有些懵了，不知道该从哪里入手去提升成绩，特别消沉。我担心这样下去孩子会对学习失去信心，该怎样做才能让孩子找到适合他的学习方法呢？

家长 B：我家孩子在升入高一一个月时也有过这样的困扰。当时也想不出什么更好的办法帮到她，只能耐心听她说，接纳她的情绪，安慰她，鼓励她。一段时间后，惊喜地发现她找到了解决问题的办法。她跟我说：高中老师和初中老师不一样，管理上不再事无巨细，教学上也不再面面俱到，所以我们也要提升自律性，用自主学习替代以前的被动学习，还要有足够的耐心和恒心，从基础知识入手逐步攻克难点。孩子靠着自己的努力走出了困境，重新找回了自信。成绩也慢慢有了起色。

师说心语

当孩子成绩持续下降的时候，别急着责骂孩子，和孩子坐下来，一起分析一下成绩持续下降的原因是什么。不管是孩子自身的原因，还是外界的因素导致，通过和孩子的交流，你总能找到一些答案。

学习适应性困难。有的孩子进入高中后，未能及时适应高中快节奏高强度的学习生活，心理上有落差，知识上也出现断层，导致学习成绩下滑。

学习方法不当。高中阶段的某个学科或者某一个阶段的知识难度大，课业负担重。有些孩子不能与时俱进，学习方法固化，学习效率低下，导致成绩下滑，进而对自己的学习能力产生怀疑。

家长期望值过高。有的家长喜欢将自己的主观意愿强加在孩子身上，对孩子的学习寄予过高期待。孩子付出再多的努力也无法达到父母的预期，并因此得不到父母的肯定、鼓励和支持，从而感到痛苦和无助，学习动力减退，学习成绩下降。

家庭出现重大变故。有的孩子因家庭发生重大变故，比如重要亲人突然离世等，对孩子造成很大的心理创伤，导致孩子情绪低落，无心学习。

成绩持续下降会让孩子陷入失落与自责中，开始怀疑自己的学习能力，甚至产生厌学情绪，自暴自弃后形成恶性循环。因此，针对以上问题，家长要想办法帮孩子重新找回学习信心。

1. 调整心态，与孩子多沟通

家长的心态对孩子的学习和成长有着重要的影响。家长的积极心态能够传递给孩子信心和勇气，让他们相信自己有能力克服困难，提升成绩。相反，家长过度的紧张、焦虑和担心等消极情绪会传染给孩子，影响孩子的学习情绪和面对困难的信心。因此，当孩子成绩下降无所适从时，家长首先要调整好自己的心态，控制好情绪，也不要急于指责和训斥孩子，和孩子坐下来聊一聊，了解他们在学习中遇到的困难、困惑和感受，分析孩子成绩下降的原因及当下的学习状态，看到并肯定孩子学习上的付出和努力，告诉孩子成绩下降并不代表他们不够努力或不够聪明，而是可能存在一些其他的原因。和孩子一起找到问题的根源，探讨解决问题的有效方法。

2. 理性看待成绩，引导孩子找准学习定位

平时的考试主要是检查孩子对一个阶段内所学知识的掌握情况，帮助孩子查漏补缺。因此，家长要认识到考试成绩只是孩子学习情况的一个参考，不能完全代表他们的能力和潜力，考试成绩的波动并不代表孩子考不上理想的大学、没有好的未来，不应该成为家长过度焦虑的理由。高中阶段学习内容的难度和要求都有所提高，孩子可能会因为更大的挑战和困难导致成绩暂时下降。引导孩子冷静审视自己考试所暴露的问题，认真分析考不好的原因，是考试的题目太难，还是知识点掌握得不扎实，抑或心理紧张没有发挥出应有的水平。找到失利的原因，家长再和孩子一起探寻解决的办法。比如孩子数学学科知识点掌握不牢固，家长可以引导孩子在基础知识上下功夫，多做一些练习题，夯实基础，举一反三，提高学习效率。

同时，家长不要总拿自己孩子和其他成绩拔尖的同学作比较，以此来激发孩子学习的积极性。孩子非常反感家长的这种做法，容易产生逆反心理，从内心对学习、对考试产生厌恶甚至恐惧，更加不利于孩子成绩的提高。特别是自尊心强的孩子，家长不要给他太大的压力，要看到孩子努力学习的过程，善于发现孩子取得的进步，鼓励孩子跟自己比，今天比昨天进步了一点就行，帮助孩子分析自身的长处和不足，扬长避短，增强孩子的自信心。

3. 合理规划，引导孩子找回学习信心

高中阶段的学习过程长，难度大，持之以恒的毅力和科学有效的方法就显得尤为重要。因此，当孩子的成绩持续下降时，家长要引导孩子重新规划自己的学业，定目标，找方法，重拾学习的信心。

制订合理的学习目标可以帮孩子明确努力的方向，激发他们的学习动力。通过目标的设定，孩子能够更好地规划自己的学习进程，合理分配时间和精力，提高学习效率。根据洛克定律，家长在指导孩子制定目标时，要注意目标设置不能太高，不要让孩子因为付出再多努力也实现不了而丧失信心；目标设置也不能太低，让孩子轻易实现而失去竞争意识。引导孩子制订学习的阶段性目标和高考的长远目标，让目标引领孩子在学业进步的道路上避免“偏差”或“碰撞”。同时，让孩子学会将大的学习目标分解成小的、可实现的目标。例如，孩子英语词汇量积累不够，可以让孩子坚持每天背10～20个单词，每次孩子达到小目标时，及时给予肯定和鼓励，增强他们的自信心。

学习方法和思维习惯的僵化是学习成绩无法提高的主要障碍。家长应该帮助孩子掌握适合他们的学习方法，比如课前有效预习、思维导图、错题本等。正确的学习方法能培养孩子的自主学习能力和解决问题的能力，让他们在学习中更加自信和独立。

合理的学习目标和正确的学习方法有助于培养孩子的自律性和责任感。当孩子明确自己的目标并采用合适的学习方法时，他们更容易坚持下去，克服困难，逐步取得进步。这样的过程会让孩子学会自我管理和自我激励，为他们未来的发展打下坚实的基础。

4. 加强家校沟通，助力孩子高效学习

孩子在家里的表现，家长应该是最清楚的，那么孩子在学校的表现，最清楚的应该是孩子的班主任或者各科老师了。有些孩子是“两面人”，在学校表现不好，但回家之后和你说得非常好。可是在学校表现好，又努力学习，怎么成绩会持续下降呢？排除家庭因素之外，家长就要和孩子的老师们多些交流，询问一下孩子在学校的各种表现。不管成绩下降是什么原因造成的，在学校都会有所体现，有心的老师总会看得到。请求老师对孩子多关注一些，和孩子谈一谈，让孩子明白自己成绩下降的真正原因，该如何把成绩提上去。

如果孩子因学习成绩下滑，束手无策，心理压力过大，感到无助和迷茫，自己无法调节，家长可以通过学校的心理教师或者寻求专业心理咨询师的帮助，帮助孩子缓解心理压力，调整心理状态，保持积极乐观的心态。

学习是一个长期的过程，孩子成绩的提升需要时间，家长要保持积极的态度，持续关注孩子的学习情况，让孩子感受到家长的关心和支持，帮助孩子树立信心，相信通过努力一定能够提高成绩。

22 孩子学习遇到困难，怎么办？

困惑打卡

上高中后，有些孩子明显感觉有些学科难度大，老师讲的知识点基本听不懂，觉得自己的脑子不够用，上课经常走神，作业也不会做。家长该怎样帮助孩子走出困境呢？

家长心声

家长 A：最近，我家孩子在学习中遇到难题时总是唉声叹气，特别急躁。我对孩子说：学习中遇到难题很正常，静下心来耐心审题，和学过的知识联系起来，想想老师上课讲的方法技巧，或许能找到思路。但他还是闷闷不乐，该怎么做才能帮到他呢？

家长 B：看着孩子面对难题时愁眉不展的样子，我心疼不已。试图帮助他解决问题，但又担心过度干预会让孩子产生依赖心理。同时，我也希望能培养孩子的坚韧品格，让他在面对困难时能够坚持不懈，不轻易放弃。有哪些有效的方法能帮助孩子克服学习中的困难呢？

师说心语

孩子在学习中总会遇到困难和挑战，上课听不懂、作业不会做等都是很常见的情况。我们先来了解一下孩子学习遇到困难的原因。

知识难度大。高中的学习内容通常比初中更具挑战性，难度也更大，导致孩子在某些科目的学习上遇到困难；

学习节奏快。高中的知识容量大，学习节奏较快，孩子可能没有足够的时间来理解和掌握所有的知识点；

学习方法不当。很多孩子对学习缺乏规划，没有明确的目标，学习方法不当，课堂效率低，严重影响了学习效果。

在学习中遇到困难和挫折不能正确面对，无法自行解决时，孩子可能会感到沮丧、焦虑和无助，反复多次学习的兴趣可能会下降，成绩也会受到影响。因此，家长应该引导孩子有效应对，及时走出学习困境。

1. 耐心倾听，给孩子足够的关注与鼓励

高中阶段的学习难度大，孩子在学习上遇到困难是很正常的事儿。但失利的次数太多，又得不到理解、鼓励和支持，孩子就会觉得沮丧和无助，影响他们的自尊心和自我价值感。因此，家长不妨站在孩子的角度去看问题，理解接纳孩子的困境，认可孩子的努力，让孩子看到自己的优点，增强自信心。同时。家长的鼓励对孩子来说是最大的动力，家长不妨以平等尊重的态度和孩子耐心沟通，鼓励孩子分享自己的感受，倾听孩子的烦恼与无助，表达对孩子情感上的支持，让孩子感受到你是理解、信任他的，从而愿意分享自己在学习上的困惑和挫折感，为下一步解决问题打好情感基础。

2. 管理好自己的情绪，给孩子最有力的心理支持

很少有孩子能够在学习的道路上一帆风顺，家长不要苛求孩子完美无缺、战无不胜，而要体谅孩子的处境，理解孩子的感受，做孩子最坚强的后盾。当孩子在学习上遇到困难时，家长要比孩子冷静，不要过多催促孩子。过多的催促可能会给孩子增加无谓的压力，让孩子产生厌学情绪或逆反心理，影响孩子的学习效果。家长要管理好自己的情绪，在保持情绪稳定的情况下与孩子交谈，用冷静客观的态度引导孩子从挫折中站起来。觉察到自己情绪不太好时，可以选择自我隔离，让自己单独处于一个空间，深呼吸并冷静下来再和孩子进行交流。

3. 家校沟通，帮孩子找准学习困难的根源

家长引导孩子分析问题可能出在哪里时，孩子可能会找客观原因，比如老师的课讲得不好、考试题目太难了等等。这时候，家长在表示理解的同时要引导孩子客观地分析，毕竟有时客观原因很难改变，主观原因才是真正能够抓住的。同时，家长要多和老师沟通，了解孩子在学校的表现，关注孩子的学习进展和困难，及时发现解决问题，提供必要的帮助和支持。引导孩子多与成绩好的同学沟通，看看他们是如何学习的。很多道理家长说出来的效果远不如同学告诉他的更有效。

4. 言传身教，提高孩子的学习力和抗挫力

当孩子遇到学习困难时，家长应尽量避免批评指责孩子，否则会增加孩子的负面情绪和学习压力。可以心平气和地告诉孩子：我了解高中阶段的学习不容易，也知道你很辛苦，你一个人解决问题或许会有困难，所以妈妈和你一起面对。可以给孩子一些学习方法上的建议，引导孩子设定明确、具体、可量化且可达成的学习目标，根据自己的实际情况和能力水平制订切实可行的行动计划，借助一些专业训练来帮助孩子掌握一些科学的学习方法，提高学习效率，提升学习的自信心和动力。

平时，家长可以适当地给孩子设置一些挫折和困难，站在一边观察指导孩子正确应对，帮助孩子克服畏难情绪。让孩子明白困难和挫折是成长的一部分，遇到困难时应该直面并勇敢克服，让孩子在一次次战胜困难和挫折中，体验到成就感和价值感，逐步越挫越勇。

5. 承认个体差异，不要盲目攀比

有的家长喜欢拿自己家的孩子和别人家的孩子比，本意可能是想刺激和激励孩子，可结果往往适得其反，容易让孩子产生抵触情绪。因此，家长与其盲目攀比，不如引导孩子自己和自己比。多关注孩子努力的过程和取得的进步，哪怕是微小的进步也要看在眼里，及时给予肯定与鼓励，增加孩子的自信心，帮助孩子更好地应对学习中的挑战。同时，家长要承认孩子是存在个体差异的，善于发现孩子的潜力，引导孩子充分利用自身优势，为学习助力，为生活添彩。

总之，家长要给予孩子足够的耐心和信心，让孩子知道困难是暂时的，通过努力和正确的方法是可以克服的。鼓励他们坚持下去，相信他们一定能战胜困难，取得进步。

人际交往篇

23. 孩子遇到不喜欢的老师，怎么办？

24. 孩子不会正确交友，怎么办？

25. 孩子与舍友发生矛盾，怎么办？

26. 孩子"恋爱"了，怎么办？

27. 孩子不能正确对待网上交友，怎么办？

23 孩子遇到不喜欢的老师，怎么办？

困惑打卡

孩子每次回家都会对班主任抱怨不止。说班主任整天闷着头只知道忙工作，没有一点活力；对同学们非常严厉，总是绷着一张脸，看不到一丝笑容。孩子感觉很压抑，不喜欢班主任，也不愿意上他的课。遇到这种情况，家长该怎样引导呢？

家长心声

家长 A：上高中后，孩子很怀念初中的班主任。抱怨现在的班主任什么事情习惯往坏处想，时时刻刻总想着抓同学们的"小辫子"。他非常不喜欢现在的班主任。不过据我了解，现在的班主任很有带班经验，也很负责任，前几届班级管理都井井有条，学习氛围也很浓厚。怎样引导孩子看到班主任的"另一面"呢？

家长 B：最近，孩子的班主任给我打电话说，孩子上物理课总打瞌睡。回家跟孩子一沟通才知道，他嫌物理老师说话声音小，而且语调平缓。因此，每次上课都像听"催眠曲"，一会儿就昏昏沉沉，课堂效率很低。得知孩子的现状，我很着急，怎样才能解决这个问题呢？

师说心语

师生关系是孩子在学生时代必须面对和处理的一种关系。融洽、和谐的师生关系，使孩子心情舒畅、情绪稳定，有利于孩子获得和掌握更多的知识和技能，促进孩子健全人格的发展。相反，紧张、敌对的师生关系，给孩子带来苦恼、忧郁和伤害，挫伤孩子的学习积极性，妨碍孩子的学习和健全人格的形成。我们先来了解一下高中阶段师生关系的特点：

冲突性不断增加。孩子进入高中后，冲突性增加是师生关系的一大特点。高中是孩子向成人过渡的关键阶段。随着年龄的增加，他们逐渐拥有了独立思考和判断的能力，不再把老师看作绝对的权威，也不再盲目赞同老师的观点。与老师发生意见分歧的时候，孩子会为了表明自己的立场和观点而据理力争。同时，由于高中孩子的大脑情绪控制区域没有完全发育成熟，情绪调控能力低，一点儿小事也可能产生很大的情绪反应。和老师意见不一致时，很容易情绪冲动，甚至直接顶撞老师，引发师生冲突。

亲密性逐渐减少。随着年龄的增长，高中孩子的自主意识不断增强，成人感逐渐形成，与老师的关系变得越来越疏离。他们不会像之前那样崇拜老师，有了困难也不再第一时间向老师、家长寻求帮助，而是喜欢把心里话告诉自己的好朋友，有了困难也习惯让朋友帮忙解决。不再希望老师把他们当小孩子看待，老师的谆谆教诲也会被追求独立的孩子们当成是一种束缚，经常通过反抗老师来挣脱束缚，不断强化自己的成人感。

矛盾性日渐凸显。高中阶段学习难度大，任务重，学业压力也越来越大，孩子们对老师的不满情绪很容易被触发，一点小事可能引发师生矛盾，进而影响师生关系的和谐发展。

对于很多高中孩子来说，因为喜欢某个老师而喜欢某门学科，讨厌某个老师而讨厌这门学科的现象时有发生。因此，师生关系不和谐对孩子学习的影响是非常大的。相信很多家长都曾体会到上面几位家长的焦急与无助，因此家长一定要引导孩子建立良好的师生关系。

1. 培养孩子尊重老师的意识

孩子一路成长起来，每一步都离不开老师的牵引。除了父母，老师是最值得孩子信任和感激的人。教师这个职业之所以光荣、崇高，是因为大多数老师把知识毫无保留地、无私地传授给学生，所求的却只是希望看到学生发展得越来越好，都能成人成才。古人云："一日为师，终身为父。"对一个指路的人，我们都会道一声"谢谢"。那么，对在成长道路上一直关心、扶助的老师更应该怀有感恩之心。拥有一颗感恩的心，能帮助孩子自发地去建立一份和谐的师生情。

家长可以教给孩子一些处理师生关系的方式与技巧。见到老师主动问好，遇到事情多向老师请教，节假日为老师制作精美的贺卡，积极主动地完成教师交给的任务，赢得教师的信赖和喜爱等。

家长教育孩子不仅要尊敬老师个人，还要尊重老师的劳动。如：上课认真听讲，不扰乱班级秩序，认真完成老师布置的作业等。有些同学作业写得很潦草，老师辨认字迹都要费很多工夫，增加了很多额外的工作量。经常这样，老师怎么会高兴？又怎么会喜欢你呢？尊重老师的劳动，是师生和谐相处的基本前提。家长要引导孩子体会老师对自己的期望，主动去亲近老师，与老师产生情感上的共鸣。

2. 引导孩子正确看待老师的过失

“金无足赤，人无完人。”世界上不可能存在没有缺点的人。老师也是凡人，有喜怒哀乐，有缺点和不足，也会有犯错的时候。家长要引导孩子换一个角度去理解老师，正确对待老师的过失。

首先，教育孩子在发现老师的过失时持理解态度。向老师提意见语气要委婉，时机要恰当。如果老师冤枉了你，不要大声和老师顶嘴，不但解决不了问题，还会使师生关系恶化。暂且忍一忍，等大家都心平气和了再说。不管怎么说，老师是长者，做学生的应该尊敬老师。

其次，引导孩子尽可能去喜欢老师。俗话说：“亲其师，信其道。”如果孩子喜欢某位老师，会主动接受该老师的教诲。因此，家长在孩子面前应当适当帮老师加分，引导他去挖掘老师身上的优点。告诉孩子即便是不喜欢的老师身上也有很多优点，让孩子把目光转移到老师的优点上，多想老师好的一面，尽可能让自己喜欢上老师。

最后，家长不要随意对老师作负面评价。即使对老师有意见，也不要在孩子面前随意流露，否则容易使孩子对老师的不满进一步升级，进而影响他对这位老师所教学科的学习热情。

3. 引导孩子合理评价老师的言行

当今社会对教师的期待很高。在某些人眼里，教师应该是道德楷模、学科专家，是班级的领导者和管理者，同时还是学生的朋友、知己以及心理保健医生。所以，当孩子发现老师也存在缺点和不足时，很容易走极端，将这些缺点和不足无限放大，导致对老师的评价在“绝对完美”和“一无是处”两个极端之间游走。

家长要留意孩子的言行，了解孩子对老师的评价。孩子在平常的一言一行中，会不经意地流露出一些信息，家长要善于观察和捕捉。孩子对老师有负面评价时，切不可偏听偏信，去找老师理论，为孩子辩护，而是应该引导孩子站在老师的角度，分析原因后合理地评价老师，使孩子对老师多一分理解，少一些抱怨。有些孩子在对老师进行评价时主要依据个人好恶而定，并以此类推出老师的其他问题。比如，孩子不喜欢某老师上课时的体态、口音，因此认为某老师教学水平不高，从心理上疏远老师，导致师生关系冷漠。这时，家长要引导孩子克服个人主观认识上的偏差，尽量用全面、客观、中肯的语言评价老师。

4. 允许孩子对老师有不同意见

高中阶段是建立自我同一性的关键时期，家长要允许孩子对权威进行挑战和批判。当孩子对老师的行为表达出不满，不要大惊小怪，这是孩子在思考和探索的表现。要引导孩子认识到老师也是凡人，会有缺点和不足，处理事情也可能有不恰当的时候，对老师的评价要“对事不对人”。比如，孩子对班主任占用自习课产生不满的时候，你可以这样引导：“你们班主任占了自习课，让你们没有时间写完作业，换作是我也着急。我很好奇，班主任为什么占用你们的自习课时间？班主任在自习课上都干了些什么？哦，是因为你们最近学的数学知识出错率很高，班主任着急了，所以想利用自习课时间再集中给你们讲讲……”引发孩子思考后，再进一步引导他换位思考，“假如你是班主任，会如何处理……”这样，孩子就会慢慢平静下来，想到班主任的优点和平时温馨的一幕幕画面，也就没有那么激动了。发现问题可以建议孩子及时跟老师沟通，让孩子与老师慢慢亲近起来。

5. 引导孩子主动与老师沟通

老师要面对的是几十、上百个孩子，很难把注意力放在某一个孩子身上。所以，如果对老师有意见，家长要引导孩子积极主动地与老师沟通，促进相互之间的了解，来消除师生之间的误会以及由此而产生的矛盾与怨气。良好的沟通能使师生双方对彼此多一分理解和宽容，从而增进与老师之间的感情。

如果不能独立处理好与老师之间的关系，家长要主动与老师加强联系，全面了解孩子在老师心中的印象，以及孩子在校与老师相处的情况。及时发现不良苗头，随时配合解决师生关系中出现的问题，使师生关系良性发展。

24 孩子不会正确交友，怎么办？

困惑打卡

家长大都希望孩子交到知心的朋友，在成长的路上能相互鼓励，共同进步。有的孩子能交到很多朋友，不过总处理不好和朋友的关系，状况频出，问题不断；有的孩子则不知道如何和人相处，几乎没有朋友。家长该怎样帮助孩子正确交友呢？

家长心声

家长 A：我家孩子有个很好的朋友，每天形影不离，无话不说。那孩子热情、真诚，人缘很好，不过说话爱带脏字。最近发现我家孩子言语中偶尔也带一两个脏字，认为朋友带坏了他，便要求孩子和朋友断绝来往，但孩子坚决不同意，现在因为这件事闹得我们和孩子的关系越来越僵。怎么做才能让孩子远离朋友带来的负面影响呢？

家长 B：我家孩子不太有主见，无论在家还是在学校，他总是随大流：不管干什么"都行""随便"，从来不敢表达自己的观点和内心的真实想法。不知道是不是因为孩子性格的原因，很少有同学愿意和孩子交朋友。孩子也很苦恼。为这事我跟他谈了好几次，但效果不明显，怎样才能引导孩子克服性格缺陷正常交友呢？

师说心语

曾经在网络上看到过一则让很多人都羡慕的新闻：某高中一个寝室的 6 名男生在共同生活的三年中，相互鼓励，并肩前行，最终全部考入了清华、北大。

这个事例印证了一句话："孩子们所接触到的交友圈子，很大程度上影响着孩子最终会成为一个什么样的人。"贾平凹也讲过一段类似的话："一个人和什么样的人相处，就会被什么样的人影响，相应地就会拥有什么样的人生。"倘若一个人经常和勤奋、充满正能量的人在一起，那么这个人就不会太懒惰，每天也会积极向上。因此，家长一定要关注孩子的交友情况。

1. 读懂孩子，了解孩子交友背后的心理需求

高中阶段的孩子不再毫无保留地告诉家长自己的心里话，而是更愿意跟好朋友分享，有什么事都喜欢和朋友一起去做。家长觉得孩子跟自己疏远了，操心费力的却得不到孩子的理解。这其实与高中阶段孩子的心理特征有关。这一阶段的孩子渴望得到同伴的认可与喜爱，害怕受到孤立和排挤。于是，同伴关系逐渐代替了亲子关系，成为他们最重要的人际关系。

(1) 为了获得同伴认同而盲目从众。高中孩子主要通过模仿同伴和朋友圈来构建自我。对这个阶段的孩子来说，同伴的看法非常重要，这种重要性远远高于其他阶段。为了获得同伴的支持和认可，避免受到排挤和孤立，高中生往往会盲目顺从同伴中的多数。当然，从众并不一定都是有害的，它也有积极的一面。同伴好的处事方式和行为习惯也会传递给孩子，使孩子变得更好。

(2) 不擅长人际交往的孩子，更渴望同伴认同。那些社交能力比较强的孩子更自信，朋友圈的规则往往由他们来制订，所以很少会出现不符合他们想法的状况。那些不擅长人际交往却渴望友谊的孩子希望融入朋友圈，为了能够让朋友带自己一起玩，常常做出一些内心并不情愿的选择。比如接受朋友口吐脏字的毛病，有时候自己也会学着说上一两句，觉得这样才是真正地融入朋友圈。相比女生，男生更讲哥们义气，也更容易因为同伴的怂恿而做出并非自己本意的事情。而且，男生比女生更容易情绪冲动，所以他们在同伴压力下做出不良行为的可能性就更大。

(3) 随着年龄的增长，孩子的从众现象会不断减少。高中孩子由于社会阅历浅，再加上三观还未定型，很容易受到同伴的影响做出一些不理智的行为，家长对此也忧心忡忡。不过随着年龄的增长，孩子的自我同一性逐渐建立，对自我越来越肯定，是非判断能力也逐渐增强，对朋友的言行是否正确慢慢会有自己的判断和思考，不再一味地认同模仿。

2. 尊重孩子，把择友权利还给孩子

（1）树立正确的交友观。正确的交友观可以帮孩子建立健康的人际关系，对其成长和发展有着深远的影响。家长应该帮助孩子树立正确的交友观，教会孩子识别和选择朋友，告诉孩子什么样的朋友是值得交往的，提醒孩子避免与有不良行为或习惯的人交往，为孩子正确交友提供基本标准。

（2）倾听孩子的择友心声。如果孩子从小生活在处处受控制的家庭中，习惯了被管理的生活，在朋友圈中就会更容易顺从别人。很多家长在教育孩子的过程中，习惯对孩子严格管理，当家长过度强调自己的看法时，往往就忽略了孩子的意见和看法，孩子就会慢慢形成一个认识——最重要的声音是来自他人的。

（3）尊重孩子的择友视野。孩子小的时候，很多家长会叮嘱孩子和成绩比自己好的同学做朋友。认为成绩好的同学一般都是好孩子，成绩差的学生往往会有一些不好的习惯。和成绩好的同学做朋友，慢慢也会变得优秀。家长的心情可以理解。但是，成绩好跟素质好、人品好是不能画等号的。有些孩子成绩虽然好，但不懂得尊重别人。有些孩子虽然学习一般，但人缘很好，师生都喜欢。因此，家长应该尊重孩子，可以在孩子交友方面提建议，但要尽量避免用世俗的眼光看待孩子的交友问题，更不要替孩子做决定，给孩子交朋友的权利，让他在交友的过程中自主选择适合自己的知心朋友。

3. 关注孩子，帮孩子经营好朋友圈

家长关注孩子的朋友圈，不是时时追问，也不是暗戳戳地旁敲侧击，而是通过观察孩子自身的变化，处处留心，发现朋友对孩子的影响，给予孩子及时的正确引导。

（1）引导孩子发现并欣赏朋友的亮点。有的孩子与朋友接触后，变得更愿意与家长交流，更开朗，在家里经常交流朋友间发生的事情，这说明孩子与朋友相处得很愉快。家长要多认可和赞赏孩子的朋友，鼓励孩子与朋友多交往，促进孩子发现朋友身上更多的亮点。

（2）提醒孩子明辨朋友的不良行为。当家长发现朋友对孩子有负面影响的时候，千万不能用强制的方法让孩子和朋友断绝关系。如果家长直言不喜欢孩子的朋友，会引起孩子的抵触心理。可以和孩子一起分析朋友的哪些方面值得赞许，哪些行为是不太恰当的，而他的这些不好的行为是我们不喜欢的。这样孩子就会意识到，这种行为是不好的，是不应该效仿的，所以和朋友相处时要注意明辨是非和对错。其次，孩子之所以选择交一些习惯不好的朋友，很大一部分原因是他在这些朋友那里找到了归属感。因此，我们提醒各位家长，要努力成为孩子的第一个“知心朋友”。与其担心孩子交到习惯不好的朋友，不如让孩子信任你，对你敞开心扉，让自己也成为他朋友中的一员。

当然，若孩子结交的朋友有犯罪倾向或者严重的不良行为，家长应该当机立断，采取适当的强制措施，令孩子和他们分开，防止孩子受到伤害。

（3）告诫孩子确定交友边界。有时候孩子为了赢得朋友的认同，即便心里并不赞同，也会勉强自己去做一些自己不愿意做的事情。家长要告诉孩子做事需要有“边界”，做人应该有“底线”，在任何情况下都要坚守做人的基本原则。突破“底线”和“边界”的事情是坚决不能做的，即使失去朋友，失去友谊，也绝不能妥协，比如“帮朋友考试作弊”“参与打架”“一起吸毒”等都是绝对不能做的。

（4）帮助孩子建立自信心。有些孩子因为担心朋友不跟自己玩，和朋友相处时总是小心翼翼，生怕惹怒朋友，甚至可能会因此做出自己不喜欢的事情。这时家长要引导孩子发掘并欣赏自己的优点，帮助孩子建立自信心。告诉孩子，自信的人最有魅力。自己强大了，自然会有人找你做朋友。如果你和朋友有共同的兴趣爱好，可以互相探讨，共同进步；或者在朋友需要的时候，你能运用自己的特长帮到他，这样的友谊才会更长久。

25 孩子与舍友发生矛盾，怎么办？

困惑打卡

高中住校后，有些孩子与同宿舍的同学相处得很不愉快。老师眼里待人真诚热情的好孩子，但到了舍友口中，却变得自私自利，尖酸刻薄，说话做事从不顾及别人的感受，大家都不喜欢和他交往。家长也很纳闷孩子为什么会出现这样的问题，不知道该如何引导孩子尽快融入集体生活？

家长心声

家长 A：我觉得一个宿舍就是一个大家庭，孩子们原来都没有住过校，生活习惯各不相同，在一起难免有摩擦。所以，孩子住校前我就嘱咐她："遇到问题多从自己身上找原因，该沟通的及时沟通，该宽容的就大度一点，该改正的也要及时改正……"目前看来孩子和舍友们相处得还不错。

家长 B：我家孩子也住校。从小我们照顾惯了，开始就很担心孩子在学校照顾不好自己。开学有一段时间了，其他方面适应得还可以。唯独跟同宿舍的几位舍友闹过几次小矛盾。其实都是些忘记做值日、早起影响休息、午休洗头发之类的小事，孩子却表示忍无可忍。她还特别讨厌其中一个舍友，说她比较自私，睡觉还打呼噜等等。我也不知道是咱孩子太过计较还是别的孩子不拘小节？怎样做才能让孩子和舍友好好相处呢？

师说心语

随着年龄的增长，孩子的朋友从小时候的一堆堆、一队队，逐渐缩小到"三两个"。朋友越来越少，关系却越来越密，交往也越来越深。进入高中，同伴关系成为孩子们最重要的人际关系，尤其是朝夕相处的舍友。他们除了思想和情感上的互相交流外，生活上还能彼此照顾，可以获得更多的心理支持和生活帮助。不过，可能也正是这种近距离的接触，孩子与舍友关系紧张的例子比比皆是。

自我意识增强造成舍友关系紧张。高中住校后，初次离家的孩子们在短暂的新鲜感消失之后，开始想念原本的舒适圈。随着年龄的增长，孩子们在同伴交往中的自我意识逐渐增强，与舍友的近距离相处成了他们人际交往中最大的挑战。尤其是突然剧增的学习压力让有些孩子更加难以忍受与舍友朝夕相处的不适应，生活习惯忍不了，言行举止也看不惯，反正怎么看都不顺眼。有些孩子出现诸如“没有经过同意就用了舍友的洗衣粉，坐在舍友床上说话、吃水果”等问题，也说明这些孩子习惯站在自己的视角看问题，不顾及他人的感受，自然会处处“碰壁”。这样过于敏感挑剔或者大大咧咧满不在乎的舍友，大家都不会喜欢，在日常接触中自然就矛盾不断。

个体差异导致舍友矛盾凸显。从一座城市的四面八方聚在一起，大家有着不同的个体差异和个性特征，这些都是不同的生长环境、不同的教育背景及遗传因素造就的。这些个体差异是客观存在的，也就造就了不同的性格特征，展现出不同的精神风貌。如果孩子非要用自己的标准来衡量舍友，自然会发现舍友到处都是毛病，总跟自己不合拍。如果孩子抱着“各美其美，美美与共”的心态，去发现舍友身上的闪光点，就会成为收获最大的那个人。

同伴交往技能存在差异。进入高中后，有的孩子情商特别高，能轻松结交很多朋友。有的孩子在交友方面却困难重重，举步维艰，特别孤单无助，不知道怎么才能交到朋友。在同伴中很受欢迎的孩子，一般社会性发展比较好，有良好的适应能力。他们掌握人际交往的规则，懂得“己所不欲、勿施于人”，会换位思考，知道如何欣赏与赞美同伴。极少数被大家排斥和讨厌的同学，他们也想融入集体，但是在人际交往方面明显能力不足。出现问题的原因有很多，但如果家长的教养方式缺乏合理引导，没有给孩子创设同伴交往的良好氛围，就会大大影响孩子的社会性发展。

舍友交往是高中住校孩子的必然经历，在与舍友交往过程中产生不愉快甚至冲突也是不可避免的，其中往往也潜藏着很重要的教育契机。所以，家长要培养孩子宽容大度的心态，与舍友携手同行，轻松愉快地度过三年的高中生活。

1. 换位思考，引导孩子化解与舍友的冲突

孩子将来终究要成为社会人，要学会以平等的方式与人交往。孩子与舍友相处的过程中，特别是发生矛盾冲突时，家长要多跟孩子聊聊“相互尊重”“设身处地”“换位思考”之类的话题，让孩子明白站在对方的角度看问题会得到不一样的结论，尊重别人就是尊重自己，要求别人做到的事情自己先要做到。记得罗翔老师分享过自己上大学的经历，自己讨厌下铺总是翻来覆去，影响自己休息，积怨已久。后来不经意间才知道是自己打鼾声太大影响舍友，舍友才翻来覆去睡不着。其实，舍友之间没有什么大问题，遇到问题引导孩子多往好的方面去想，主动和舍友沟通，探寻背后的原因之后再确定怎么去解决。当孩子慢慢学会换位思考，学会如何理解他人，客观看待问题，也就拥有了社会化发展过程中必备的素质和能力。

2. 独立解决，培养孩子的人际交往能力

舍友之间发生点小摩擦是常有的事情，家长尽可能不要介入，让孩子先从自身找原因，反思自己是否存在问题，主动与舍友沟通，共同商讨解决问题的办法，培养孩子独立解决问题的能力。同时，当孩子与舍友发生冲突时，家长在考虑如何尽快帮孩子结束冲突的同时，还应当考虑一下，通过这次机会让孩子提高哪些人际交往的能力，获得哪些与人交往的经验，而不是冲动地到学校找老师帮孩子转宿舍，甚至转班等等。

3. 以身作则，做孩子的榜样

家庭是培养孩子个人品质的温床，所以家长要从自身做起，处理好自己的人际关系，做孩子的榜样。在对待自己的父母亲戚以及邻居朋友时要以诚相待，不能当面一套背后一套，表里不一。与他人发生不愉快的事情时，不要一味地攻击和埋怨他人，要多从客观条件和自己方面找原因，让孩子感受人与人之间的真情和友善。

4. 敞开心扉，与孩子平等交流

与孩子沟通时家长要放下身段，真诚地对待孩子，相互理解，彼此才能敞开心扉。可以跟孩子聊聊为人处世之道，说说自己在人际交往中的经历和感悟，谈谈当下的心情和工作压力，不要把过多的消极观念灌输给孩子，给孩子传递

"积极友善"的正能量。

5. 尊重孩子，也尊重孩子的朋友

高中孩子最看重同伴的看法，非常在意自己在同伴间的形象，他们最不能忍受的是家长在好朋友面前批评自己，不给自己面子。所以，家长在孩子的朋友面前一定要给足孩子面子。如果认为孩子的做法不妥当，不要当着孩子朋友的面说，可以等到孩子的朋友走后再讨论。如果非常紧急，也可以换个地方用商量的口吻跟孩子提出来，让孩子自己考虑。当孩子朋友来家里做客，家长要热情接待，尊重孩子的自主权和隐私权，给孩子足够的信任，在了解孩子们的安排后给他们留出时间和空间，不参与也不干涉他们的活动。

26 孩子“恋爱”了，怎么办？

困惑打卡

孩子学习成绩一直很好。最近一个月的几次检测中，班级排名明显下降。老师反映说，最近一段时间，孩子上课偶尔走神，老师提问经常答不上来，还有一次居然差点睡着了。父母想了半天也找不出原因来，直到妈妈帮孩子整理房间时，意外发现一张写有暧昧文字的小纸条，才知道孩子谈恋爱了。一向乖巧、懂事的孩子怎么会在这么重要的时期谈起了恋爱？父母百思不得其解，应该怎么和孩子谈这件事呢？

家长心声

家长 A：我感觉我家孩子谈恋爱了，特别爱干净，在意自己的发型，照起镜子来没完没了。后来无意间看到孩子手机里她跟一个男孩的聊天记录，印证了我的猜想。我当时真是懵了，脑子里一片混乱，很多可怕的想法涌上心头……怕孩子把控不住自己吃了亏，又怕孩子因此影响了学习。我该怎么办呢？

家长 B：最近，我家孩子总是问一些奇奇怪怪的问题，比如“你跟爸爸当时是怎么认识的？”“你们谁追的谁？”等等。而且最近回来经常念叨他们班某某同学的事情，感觉她好像有点喜欢那个男孩。我非常担心这件事会牵扯她的时间和精力，影响她的学业，不知道该如何引导她？

师说心语

恋爱一直是高中阶段的一个敏感话题。现在的高中孩子，谈恋爱的现象越来越普遍。据上海社会科学院课题组的一项调查显示，高中生中有过恋爱经历的比例为42.3%。那么高中孩子恋爱的真相究竟是什么？它是否真的如洪水猛兽般可怕？如果家长发现自己的孩子恋爱了，要怎样和孩子沟通呢？

1. 稳定情绪，不恐慌

首先，要厘清害怕孩子恋爱的原因。

谈恋爱会开始学坏。当下正处在信息发达的时代，电视、电影、网络和图书中充斥的大量爱情桥段，给孩子提供了借鉴和模仿的对象。受此影响，孩子谈恋爱的年龄越来越小，恋爱时还容易做出一些出格的行为，比如在公共场合亲吻拥抱，甚至发生性行为等。这就导致很多家长一旦发现自家孩子恋爱了就特别恐慌，觉得孩子开始学坏了。这是家长恐慌孩子恋爱的第一个原因。

谈恋爱会影响学习。家长恐慌孩子恋爱的另一个重要原因是怕影响学习。高中孩子心理发育尚未完善，自控力弱，一旦陷入爱情就容易无暇他顾，时间和精力就会被分散。同时涉世未深，情感上极为敏感和脆弱，因此恋情充满了不稳定性，容易产生情绪波动。如果恋情破裂或受挫，确实会影响学习。因此，家长的恐慌、害怕不是没有道理。

其次，要尊重理解孩子的感情。

“堵不如疏。”知道孩子恋爱了，家长一定要控制住自己的情绪。换个角度想，恋爱说明孩子长大了。

注意沟通方式。找准机会，心平气和地跟孩子交流。亲子关系比较融洽的家庭，家长可以直接和孩子表明自己的立场，告诉孩子：“每个人都有追求美好事物的权利，我特别尊重、理解你的感情。但是如果你问我的意见，作为父母我不太不赞成你高中阶段谈恋爱。确实欣赏可以等高考后表白等等。”千万不要嘲讽孩子：“小小孩子，懂什么是爱？”更不要以爱孩子的名义，粗暴制止，引发孩子的反感。家长还可以和孩子谈谈自己的恋爱经历，借机给出朋友式的建议。这样孩子会很感兴趣，也容易接受你的观点。其实，对于大多数高中生来说，他们清楚地知道高中、高考对自己未来的意义，即便是陷入恋情了，也能互相支持、互相鼓励，共同进步，成绩反而会有所提升。

注意沟通途径。如果平时和孩子交流较少，或者亲子关系不太和谐，意见不合容易争吵的，家长可以通过微信、QQ留言的形式和孩子交流。也可以给孩子写信，把说不出口的话写下来，孩子会更容易理解你的良苦用心。实在不行，还可以找孩子最信任最亲近的人，比如从小带他长大的祖辈、一起长大的表（堂）兄弟姊妹、孩子的知心朋友（包括网友）、喜欢的老师等等，和孩子聊聊关于恋爱的话题，给出合理的建议。总之，不管采用什么方式，一定要站在孩子立场上考虑问题，尊重、理解他们的感受，真诚地表达自己的想法。

2. 了解动机，找原因

在高中这个重要的时间段谈恋爱，还可能会影响学习成绩，确实让人着急。那家长朋友们，你知道孩子为什么会在高中谈恋爱吗？其实，高中孩子恋爱发生的原因很复杂。从他们自身来说，恋爱的动机主要有四种。动机不同，恋情的特点也不同。

异性吸引。对高中孩子来说，生理发育导致了其性意识的觉醒，他们开始对异性产生好奇和兴趣，渴望与异性接触、交往，产生“恋爱”的需求是正常的，也是必然的。因生理好奇和吸引、朝夕相处或是光环效应形成的爱慕之情，是不稳定、不成熟的。随着时间的推移、孩子交友范围的扩大及神秘感的消失，爱慕之情会渐渐减弱，直至消失。

情感支持或补偿。高中孩子学习、生活节奏快，心理压力大，在烦恼焦虑时，他们渴望得到他人的理解、尊重、支持和帮助。如果在家庭或生活环境中无法得到这些情感支持，孩子就会选择通过恋爱获得。很多孩子开始仅仅只是和异性好友倾诉烦恼，但时间长了形成了依赖，发展成恋爱。这样发展起来的感情，更像友谊，但有些会随着彼此之间理解、支持的加深，慢慢演变为爱情。根据以往的调查和经验，高中恋爱的各项动机中，该项需求所占比重最大。

从众行为。有些高中孩子会因为周围的朋友都早恋，出于羡慕或获得“和他人一样”的体验而恋爱；有人会觉得早恋是一件有面子的事情，渴望通过早恋肯定自我；还有人本来没有事情，但受周围舆论的影响，比如被传绯闻，从而被动恋爱。这种迫于舆论压力而谈的恋爱，自然无法领略和珍惜爱情的美好，恋情也就不会稳定长久。

叛逆心理。受传统文化和一些不当教育观念的影响，异性学生之间很多正常的接触也会被视为“异常”，甚至会受到家长、老师的不恰当干预。较强的自我意识和成人感会诱发高中孩子产生逆反心理，发展成恋爱。这样的恋情，越受干预就越强烈。

3. 对症下药，助成长

当孩子恋爱时，家长可引导孩子先审视自己恋情产生的动机。是来自与对方互相了解、尊重、欣赏、珍惜、信任，还是仅仅被对方某一特点所吸引，或是寻求一份理解和支持，抑或受好奇、从众、叛逆心理的驱使？确定了动机再进一步引导孩子思考，是否只能通过恋爱满足该动机？

(1) 对于因"异性吸引"而进入恋爱的孩子

由于异性吸引或光环效应形成的爱慕之情，比如孩子欣赏对方：长得帅、颜值高、打篮球打得好，唱歌唱得很好听等等。这种原因进入的恋爱是不稳定的，维持时间不会特别长。随着孩子交友范围的扩大及神秘感的消失，爱慕之情会渐渐减弱，直至消失。

因此，家长可以让孩子了解一下爱情的三原色理论。告诉孩子真正的爱情应该包括三部分：激情(强烈的欲望和吸引力)，亲密感(感到被爱的人理解和亲近)和承诺(长久的忠诚和责任感)。一般来说，高中孩子的恋情最不缺的是激情，其次是亲密，承诺最少。让孩子明白，只有三者都具备，感情才能长久。

(2) 对于因"情感支持或补偿"而进入恋爱的孩子

高中孩子恋爱的各项动机中，该项需求所占比重最大。这也提醒我们家长要建立良好的亲子关系，营造融洽和谐的家庭氛围，努力做好情感支持。孩子恋爱了，很多是因为得不到家长的认可、理解和关注，而主动去寻求的"爱情"。所以当发现孩子恋爱时，家长首先要反思一下自己，有没有给予孩子足够的爱和心理安全感，跟孩子的关系是否融洽，孩子是不是愿意把你当朋友，遇到事情会不会跟你主动分享，你是否耐心倾听并给予理解支持，并给出合理化的建议？如果做得不太好，那就从现在开始，试着用平等、尊重、理解的态度，尝试改善紧张的亲子关系，努力营造和谐民主的家庭氛围吧。

如果孩子确实是发自内心的真爱，家长首先要表示理解与欣慰，然后坦诚地和孩子表达自己的顾虑。比如舆论压力、学习时间和精力的分散、恋爱波折带来的情绪波动、学业影响等。家长的信任会提升孩子的自主感，更愿意为自己的行为负责，要相信孩子可以做出对自己负责的选择。然后以此来激励孩子，增强其学习动机，让恋爱成为前进的动力，促使孩子在恋爱中成长。

(3) 对于因“从众行为”而进入恋爱的孩子

孩子因为羡慕周围人恋爱，或者觉得谈恋爱有“面子”而进入恋爱状态，俗称“为了谈恋爱而谈恋爱”的，一般很难领略和珍惜爱情的美好，恋情也不会长久。遇到这种情况，家长首先要关注孩子的人际关系状况，看看孩子的同学朋友有没有谈恋爱的，引导孩子站在旁观者的角度来剖析这类恋情的利弊。然后，在日常生活中要注意培养孩子的自信心，让孩子发现自己的优点，引导孩子悦纳自我、提升自我。勇敢做自己，不再过分在意他人的评价，不会因为他人的影响而做出一些违背自己意愿的行为。

(4) 对于因“叛逆心理”而进入恋爱的孩子

高中阶段，有些孩子的叛逆心理很严重，喜欢跟父母唱反调，越是不让做什么越是非要做什么。这种“因为家长不让谈恋爱而偏偏谈恋爱”的情况，一般亲子关系都比较紧张。父母比较强势，孩子的事情都要听家长的安排，很少能自己做决定。随着年龄的增长，孩子的自我意识和成人感越来越强，再加上父母的操控，遇事很容易会诱发强烈的叛逆心理。这种情况下产生的恋情你越干预，他越强烈。这时候，家长不如先放下身段，试着和孩子平等交流，逐步放手，把决定权还给孩子。你放手了，孩子不那么紧张了，反倒可以冷静下来，重新审视自己的内心，再来决定这段感情要不要继续。在这个过程中，孩子也会慢慢成长起来。

27 孩子不能正确对待网上交友，怎么办？

困惑打卡

有些孩子比较内向，生活中很少交朋友，但是他们通过 QQ、微信等社交软件结交了很多网上的朋友。国内国外的都有，男女都有。有些爱好相同的朋友还会建个群，可以随时发信息，沟通很方便。有些是聊得比较投机的，想说什么就说什么，挺解压的，孩子聊得很开心。不过家长总是不太放心，这些人都没见过面，这样凭着感觉交的朋友可靠吗？

家长心声

家长 A：我家孩子上高一了，最近有点烦恼。之前他在网上认识了几个投缘的朋友，关系非常融洽。其中一位网友心情不好找他倾诉，孩子也很为她担心，每晚都陪她聊天安慰她，有时聊得太晚就耽误了睡觉，上课打瞌睡被老师批评了好几次。还有一位网友找孩子借钱，开始十块二十块的，后来就一百二百的，不借就说孩子不够意思……孩子挺困惑，都是朋友似乎应该互相帮忙，可现在……我感觉这些网友的行为已经对孩子产生了困扰，怎样才能帮孩子消除烦恼呢？

家长 B：这几天感觉孩子挺烦躁的，吃不下饭睡不着觉的。问了半天，孩子跟我说了一件事：前段时间她心情不好，不想跟父母说，又找不到人倾诉，就上网找人聊天，遇到了一个陌生人很耐心地听她说，还安慰她。孩子觉得这人特别理解她，很快就以“兄妹”相称了。最近这人说想和孩子见个面，孩子也想见但又有点害怕，犹犹豫豫地就成了现在这个样子。我一听就想阻止，害怕孩子上当吃亏，但也担心孩子因此丢了朋友，我该怎么办呢？

随着网络应用的发展和普及，网络交友活动也逐渐流行起来。孩子们有着天然的、自发的积极探索外部世界的心理倾向，他们交往的圈子不再局限于现实生活中的同学、老师和亲戚朋友，越来越多的孩子开始涉猎网络社交。据调查，37.8%的中学生拥有网友，其中9.6%的中学生有10个以上经常联系的网友。尤其是高中阶段的孩子，学习有一定的压力，学校、家庭两点一线的生活轨迹也容易感觉枯燥，再加上沟通不畅的亲子关系等等，上网聊天、交友、网恋无疑是他们宣泄情绪获得理解的最好方式。网上交友具有平等、自主等优势，同时也具有虚拟性，存在一些风险，因此父母要引导孩子辩证认识网上交友给自己带来的影响，慎重对待虚拟世界的人际交往。

1. 网上交友并非一无是处，需理性看待

在有些家长眼里，互联网对孩子来说就是洪水猛兽，只要和网络沾边的就唯恐避之不及。但事实上，任何事情都是有两面性。虽然网络存在着很多不良因素，但网上交友也有其有益的一面。

拓宽交友圈。网络交友可以把天涯海角、素不相识的人连在一起，筛选出符合自己要求的人群，认识各种背景和兴趣的人，自由地表达内心的快乐与烦恼、孤独与痛苦，可以舒缓生活与学习中的压力。网上交友可以提供更多的机会和选择。高中阶段学习压力大，精神长期紧张，孩子在现实生活中的人际交往经常出现障碍与困惑，处于一种生理和心理苦恼期，精神长期受压抑，因此孩子需要一条途径加以宣泄，网上交友无疑是较为理想的途径。

提高社交能力。网上交往可以匿名地聊天或交换信息，满足孩子的一些心理需要，并且不必承担现实交往中那么多的压力和责任。网上的聊天、留言、表情符号等还可以实现更多形式的互动和沟通，增加乐趣和交流的效果。对于一些羞涩、内向或不擅长社交的孩子来说，可以看作是一种练习社交技巧和提高社交能力的机会，帮助他们更好地融入社交圈。

开阔视野。网上交友可以认识世界，及时获取最新时事、知识和信息，了解世界各地的地方特色、历史、文化等等。世界是丰富多彩的，人的发展也应该是丰富多彩的。互联网就是一个提供无限多样发展机会的环境，在网上与人交流可以开阔视野，促进孩子的个性化发展。

节省时间精力。网上交友可以随时随地进行，不受时间和空间的限制。比如和网友一起进行各种娱乐活动，听听音乐、玩玩游戏等，解决孩子休假在家太无聊又不想出门的问题。还可以节省交友的时间和精力，自由不受约束，更加方便快捷且高效。

网上交友的好处还有很多，家长不应该剥夺孩子从网上获得信息、朋友和快乐的权利。再者，孩子正处于容易产生逆反心理的时期，不让他上网交友，他也许就会用自己或朋友的手机上网，甚至还会跑到网吧去。在当今这个网络时代，怎么可能长久地把孩子与网络相隔离呢？因此，对于网上交友，家长不要完全限制，而是应该进行有效的引导和管理，鼓励孩子通过网络寻求更多有利于自己成长的方式。

2. 网上交友存在一定风险，需谨慎对待

孩子上网交友聊聊天，说说心里话，交流一下感情本无可厚非，但若痴迷于网络，无自我保护意识，轻易与网友见面则容易惹祸上身。近年来，以各种需求为目的而涌现的交友群体层出不穷，为网络交友埋下了诸多隐患，由此引发的案件也越来越多，这也为爱好网络交友的青少年敲响了警钟。

首先，网上交友容易上当受骗。外面的世界是新鲜的，陌生的网友是神秘的，在网上聊天又没有顾忌，能随便说出心里话，也容易得到陌生人的安慰。而孩子看问题毕竟单纯，很难识破对方的真实用意或目的，在不知不觉中对网友投入了更多的信任和感情……现在的网络诈骗数不胜数，不仅仅欺骗你的感情，还骗你的钱。前一段时间有一个新闻：有个人通过聊天的方式取得网友的信任后，套取了姓名、家庭住址、电话等信息，然后进入网友家盗窃。

其次，网上交友容易与现实脱节。虚拟的交往难以触摸到生活中的真实。也许能心灵沟通，但是毕竟是一个虚拟的世界，在这样的环境中建立的友谊就像空中楼阁一样虚无缥缈。当别人在现实生活中不停地努力奋斗时，孩子却只活在自己的世界当中，沉迷于网上交友，很容易与现实社会严重脱节。长时间不与周围人交流，不关心社会的发展和动向，无法参与到当下人与人的社交活动里，就会造成自身定位不明，失去人际交往的能力。

最后，网上交友容易荒废人生。网上交友需要借助电子产品来实现，如果孩子整天对着电脑或是手机，长时间不与家人沟通，性格会变得越来越孤僻。久而久之，还可能会沉迷其中不能自拔，甚至上瘾进而荒废学业，成绩一落千丈。如果网友是一个品行不端的人，孩子也会受到影响，做出一些不当的行为。比如有的变得很叛逆，不听家长的话，顶撞家长，甚至打骂老师家长，开始逃学、打架、吸烟、喝酒……严重的还会辍学、犯罪，最终毁掉自己的人生。

3. 网上交友要有自保意识，需预防提醒

网上交友存在一些风险和弊端，因此在孩子享受网上交友带来的便利和乐趣的同时，家长也要防患于未然，提醒孩子保持警惕，做到以下几点：

（1）注意保护个人隐私

未经父母同意，在网上不要发送自己的照片，不能轻易给出能确定身份的信息，包括家庭地址、学校名称、家庭电话号码、密码、父母身份、家庭经济状况等。网络交往中透露任何真实的隐私信息前，应多一分警惕，不轻易受骗上当。如需要提供，一定要征询父母的意见。

（2）不要轻易和网友见面

面对“网友”的盛情邀请，告诉孩子要保持警觉，以免上当。尽量不要单独会见网友，如果真的需要见面，要到公共场所，必须在亲友的陪护下进行。孩子单独在家时，不要允许网上认识的朋友来访。要充分认识网络世界的虚拟性和危险性，对网络恋情多一分清醒，少一分沉醉，时刻保持高度警惕。

（3）不要轻易相信别人

网上交友不是面对面的交流，看不到对方的外貌，对方很容易掩饰身上的缺点，这就导致孩子容易迅速投入感情，甚至坠入爱河，认为对方就是自己心中那个完美无缺的人。所以，要提醒孩子（尤其是女孩）注意在网上读到的信息有可能不是真实的。一定要保持头脑清醒，不能轻信对方。例如，前面家长 B 中的“知心哥哥”求见面不成发来了视频，才发现根本就是个 40 多岁的“心机大叔”，还威胁孩子说截屏了很多聊天记录，不答应见面就发到网上，孩子每天都生活在恐惧当中……

（4）朋友圈里晒生活要注意保密

有些孩子将网络交友当作一种精神寄托，喜欢在朋友圈晒自己的日常生活，甚至在群里现场直播，这样做存在很大风险。提醒孩子注意不要晒身份、火车票、飞机票、登机牌，不要晒护照、家门钥匙、车牌，不要晒快递单、家庭位置，不要晒孩子和家中老人的照片及姓名等。

(5) 不要有经济往来

在交友过程中，要保持平常心，不要一时头脑发热，同情心泛滥，被别人利用，毕竟网络上各种类型的人都有，那些博取同情的求捐款的、名目繁多的各类保险或者以各种理由找你借钱的，一定要提高警惕。

(6) 网上朋友转为现实朋友须慎重

将网上的朋友转化为现实中的朋友，除了考虑安全因素外，我们还需要面对许多问题：彼此是否都愿意把真实的自己完全袒露给对方，对方与自己的想象有差距该如何对待等等，毕竟一个人在网络上呈现出来的样貌和面对面的时候可能会不一样。因此，网上的朋友想转为现实中的朋友一定要慎重，除了要确保对方信息的真实性外，不要对对方抱有太大的期望，以免出现太大的心理落差。

(7) 遇到紧急情况要及时求助

孩子在网上交友时收到带有攻击性、淫秽、威胁等语言的信件或信息，提醒孩子不要回答或反驳，要马上告诉父母或通知服务商。发现上当受骗或预见到有危险时，要及时寻求父母或周边人的帮助，严重时一定要拨打 110 报警。

总之，网上交友是一把双刃剑。只有合理引导和控制，才可以让网络成为孩子成长的助力。当然，不管网络生活多么精彩，我们都不可能只停留在虚拟的世界中。在督促孩子合理使用网络，适度网上交友的基础上，更多的还是要引导孩子学会在现实中与同伴交往，增加真实而贴近的感受，为友谊奠定可靠的基础。

生涯指导篇

28. 孩子对未来没有规划,怎么办?

29. 孩子不了解“综合评价招生和强基计划”,怎么办?

30. 孩子不会合理选科,怎么办?

31. 孩子不知道如何填报高考志愿,怎么办?

32. 孩子不明确自己的职业价值观,怎么办?

28 孩子对未来没有规划，怎么办？

困惑打卡

有些孩子学习不努力，总是吊儿郎当的。感觉他没什么目标，干啥事儿都磨磨唧唧的。每天懒洋洋的浑身没劲儿，得过且过。父母忍不住催促一下，孩子就是一副“你有千言万语，我有一定之规”的无所谓的样子，能把人急死。没有目标就没有动力，怎样才能让孩子有上进心呢？

家长心声

家长 A：儿子涛涛今年上高二，还有一年就要高考了。我希望他能好好学习，将来考上一所好大学。可孩子总是不紧不慢的，回到家就是打游戏，学习动力明显不足。问他将来想干什么？他要么说没想好，要么说无所谓，干什么都行。我非常焦虑，该怎样做才能让孩子保持积极向上的心态呢？

家长 B：我家孩子没有上进心，成绩不好也满不在乎。每次没考好问他原因的时候，总是一堆的借口。比如，这次题出得太偏了；英语涂错卡了，少加了不少分；天气太热了根本静不下心答题；我爸上学的时候数学就不好，我能好到哪儿去……让他好好努力争取考个好大学时，他就说：为什么非要上大学呢？我简直要崩溃了，这样下去这孩子不就废掉了吗？怎样才能让孩子端正学习态度呢？

师说心语

对于高中家长来说，最大的愿望莫过于看到孩子通过刻苦学习考取理想的大学，将来能拥有一份好的工作和生活，这应该也是大多数孩子努力学习的意义所在。但在追求目标的路上，有些孩子会因为缺乏明确的生涯规划而迷失方向。从调查的情况来看，有相当一部分高中生对自己的未来发展缺乏具体的认知，从而导致学习动力不足甚至缺失，学习成绩下降，进而出现厌学甚至厌世的情绪。生涯规划就是要在孩子心中不断地种下希望的种子，不仅可以帮助孩子找到方向，还可以激发孩子前进的动力。因此，如果孩子对自己的未来没有明确的规划，家长应该给予正确的引导。

1. 引导孩子了解生涯规划的意义

很多时候，孩子没有生涯规划不是因为他不想树立这种概念，而是他根本就没有这个概念。所以，家长在引导孩子做生涯规划之前，要先让孩子了解生涯规划是怎么回事儿。

生涯规划也称职业生涯规划。是对一个人职业生涯乃至人生进行持续的、系统的、计划的过程。即在对一个人职业生涯及人生的主客观条件进行测定、分析、总结的基础上，对自己的兴趣、性格、能力、价值观进行综合分析与权衡，再结合时代特点和自己的职业倾向，确定最佳的职业奋斗目标，并为实现这一目标做出行之有效的安排。生涯规划的好坏可能会影响孩子的整个生命历程和生命质量。

人生是一场充满未知的旅行，只有单程票，没有回程票。即便有很多遗憾，也不能重新来过，更没有后悔药可吃。所以，家长要让孩子明白好的人生需要好的生涯规划。

有助于明确人生目标。有了明确的生涯规划，孩子很容易就能找到自己的人生目标。有了目标才会有动力。一旦目标确定，孩子为此做出计划并付诸行动时，生命的能量就开始聚集，人生的轨道也会随之发生转变，成功的可能性也会增大。

可以促进全面发展。在实现生涯规划的过程中，孩子需要从各方面做出努力。因此，生涯规划可以促进孩子的全面发展，从而在将来的社会竞争中获得更大的优势。

能够增强自信与快乐。有了明确的人生目标和行动计划，孩子在实现目标的过程中能够感受到成就感和满足感。也就是说，有明确生涯规划的人会更容易获得自信与快乐，幸福指数也会得到提升。

可以避免盲目与迷茫。生涯规划就如同人生的基本航线。没有规划的人生就像没有目标和计划的航行，容易因失去方向而迷茫，甚至陷入困境。对生涯有了规划，孩子就有了明确的奋斗目标和努力方向，生命的每一天也会变得更有意义。

可以实现持续进步。生涯规划在实现的过程中还需要定期进行反思和审视，才能让孩子在遭遇变化时能够及时调整自己的人生目标，从而取得持续的进步和发展。

方向不对，努力白费。每一个人的成功都是自己坚持不懈努力的结果，成功后的喜悦也只有他自己才能够体会到，但前提是知道自己想要的是什么。因此，只有做好生涯规划，选择最适合自己的方向，通过持续的调整与努力，才能实现个人价值的最大化。

2. 帮助孩子做出最为准确的生涯规划

好的人生是规划出来的。每一个家庭都希望通过顶层设计帮助孩子走上成功的发展之路，家长要做的就是引导孩子对自己的未来做出最为准确的定位和定向。

（1）运用目标逆推法明确人生定位

在进行生涯规划的时候，首先要引导孩子弄清自己要到达的终点是哪里，即弄明白孩子想在未来从事什么职业？收入应该是什么层次的？家庭生活应该是什么样的？期待满足自己的哪些精神和物质需求？希望自己对社会有怎样的贡献？在社会上拥有什么样的地位……即从孩子的终极生活、终极职业反过来思考孩子的人生路径。按照目标逆推起点，这就是目标逆推法。

（2）挖掘核心竞争力寻找发展基石

确定了孩子的人生定位，接下来要了解孩子干得最不累又干得最好的那件事情是什么，这就是孩子的核心竞争力和最大潜力。孩子的核心竞争力找到了，就可以从这个核心竞争力出发，引导孩子确定自己的兴趣爱好是什么。以孩子的核心竞争力为圆心，兴趣爱好为半径来画一个圆，这是生涯规划的第一个圆。比如孩子特别喜欢下围棋，废寝忘食的，从来都不累。又一学就会，而且比其他人的效率要高十倍，那么我们可以在他小时候抓住这个兴趣进行培养。如果父母也是围棋高手，那么基本上就可以把他作为围棋的职业赛手来培养。

有的家长说孩子没有明确的兴趣，没有明确的优点，怎么办？不要着急，你可以给他各种各样的尝试机会，让他尽情做自己想做的事情。然后在这个过程中慢慢发现自己的兴趣，找到自己的爱好，最终确定发展的方向。如果你希望他按照你的兴趣发展，可以把你的兴趣包含在其中。当然，如果是这种情况，建议孩子的生涯规划要趁早。规划得越早，父母所施加的影响就越容易变成孩子自身的优势，否则会错过与孩子生理和心理相匹配的最佳发展期。

（3）遵循未来原则规避未来风险

除了考虑孩子自身的优势以外，还要关注社会未来的发展趋势。因为孩子现在距离他工作还有五到十年甚至更长的时间，所以在孩子进行生涯规划的时候，要考虑到五年、十年甚至二十年以后整个社会的发展趋势。想办法让孩子在为未来准备的过程当中占据优势，而不是在现在的分数、明天的文凭中浪费时间。

在生涯规划的目标确立方面，未来原则是非常重要的。现在的教育、家长、孩子、老师甚至于学校之所以出问题，第一是不尊重孩子自身的优势，第二是不知道思考未来社会的发展趋势。家长们总是习惯用急功近利的心态去考虑孩子到底应该成为什么样的人，其实这个方向是错误的。比如说像现在很热门的会计专业，在未来就很有可能没有工作的空间。因为这个专业是可以用人工智能的程序来取代的，所以你现在让孩子学会计，以后他极有可能面临找不到工作的风险。

（4）利用可用资源确定终极目标

考虑了刚才说的未来趋势，还要充分利用各种社会资源、各种优势和各种未来的发展趋势来成就孩子的未来发展。如果以现在的优质行业为圆心，以未来社会的发展趋势为半径作一个圆，就可以得到生涯规划的第二个圆。这个圆一定会跟代表孩子优势与潜力的第一个圆有交集，这个交集就是孩子未来适合从事的职业。

如果想完成一个借力发力的设计，还需要考虑另外一个因素，就是家庭背景和家庭优势。比如一个家庭在音乐行业内有很好的人脉资源，而且孩子也有很好的音乐天分和基因，那我们完全可以把家庭资源作为孩子职业规划的参考。把家庭资源放进去之后就是以家族和周边朋友的亲密关系和他们的核心竞争力为圆心，以他们的实力范围为半径再作一个圆，这就是生涯规划的第三个圆。

孩子优势的圆，社会发展的圆，家族优势和周围资源的圆，这样三个圆的交集就是孩子未来最有可能成功的人生目标。这个目标如果锁定了，而且孩子也愿意被你锁定，家庭又愿意在这方面下气力培养孩子，那将是皆大欢喜的一个规划方案。

3. 助力孩子成为自己命运的掌舵人

千里之行始于足下。和孩子一起做好生涯规划后，就要引导孩子付诸行动来实现这个目标了，这是一个需要深思熟虑和持续努力的过程。

(1) 引导孩子将目标具体化、可衡量化

目标具体化，即分解长期目标为中期和短期目标。可衡量化就为每个目标设置具体的期限，制订详尽的行动计划。这样有助于孩子在追求目标的过程中明确方向、跟踪进度并保持动力。接下来，要督促孩子把握每一个当下，坚持并执行自己的计划，立即开始行动。比如，孩子现在最重要的阶段性目标应该是争取考个好大学，当下要做的是如何全力以赴努力学习。切记不要等待完美的时机或所有条件都满足了再行动，因为这样的时机可能永远不会到来。

(2) 帮助孩子设定合理的阶段性目标

有人说："瞄准天空的人总比瞄准树梢的人射得高"，这说明较高的目标对任务完成的益处。但古人也用"好高骛远"来说明目标设置过高是不切实际的。万事皆有度，过犹不及。每个孩子都是独特的个体。我们要承认差异，立足自己孩子的实际情况，基于他们的优点和长处，引导孩子制订跳一跳可以够得到的目标。不管目标是重点本科、普通本科或者专科，只要能激励孩子进步和成长的就是好目标。目标达成的时候，要给予孩子适当的肯定，激励孩子再接再厉。

(3) 督促孩子不断反思完善生涯规划

生涯规划是一个持续不断的过程，需要不断地学习、反思和调整。在坚定执行计划的过程中，有时会发现计划无法按预期进行，或者出现了一些无法预见的困难和挑战。这时要引导孩子保持积极的心态和耐心，通过反思过去的经历，发现自己的不足，及时调整目标和计划；保持开放的心态和学习的态度，以适应不断变化的环境和情况。通过不断地反思、调整和改进，吸收新的知识和经验，孩子才能更好地实现自己的目标和梦想，并在这个过程中获得成长。

29 孩子不了解“综合评价招生和强基计划”，怎么办？

困惑打卡

临近高考，强基计划招生简章和各省的综合评价工作通知集中发布，众多招生简章的出炉让许多考生家长一头雾水。同是高考升学的两种重要辅助手段，都属于高校特殊招生方式，这两者有什么区别？可以同时报考吗？

家长心声

家长 A：孩子晓杰（化名）就读的高中是一所重点高中，这所高中每年都有同学凭实力考上北大、清华等一流名校，我家孩子很努力但达到拔尖水平还有一定的距离，年级综合排名大约 200 名。最近听老师说，综合素质评价招生比较适合我家孩子，可以试试。这到底是什么形式？与普通高考和强基计划招生有何区别？弄不明白……

家长 B：孩子最近一段时间在准备各种比赛，有叶圣陶杯作文大赛，外语比赛，还有信息技术方面的，跟我说都是“白名单”上的比赛，很重要。如果获奖比较好，将来综合素质评价以及强基计划都认可。我跟孩子妈妈都是普通工薪阶层，了解得也不太多。又是强基招生，又是综评招生的。我觉得对我家孩子而言，踏踏实实学习，把成绩提升去才是关键，其他的不都是“锦上添花”吗？

师说心语

1. 关注时事，了解政策

（1）强基计划

强基计划是教育部为着力解决自主招生中的突出问题，逐步建立起基础学科拔尖创新人才选拔培养的有效机制，自2020年起在部分高校开展的基础学科招生计划。其主要选拔培养有志于服务国家重大战略需求且综合素质优秀或基础学科拔尖的学生。聚焦高端芯片与软件、智能科技、新材料、先进制造和国家安全等关键领域以及国家人才紧缺的人文社会科学领域，由有关高校结合自身办学特色，合理安排招生专业突出基础学科的支撑引领作用，重点在数学、物理、化学、生物及历史、哲学、古文字学等相关专业招生。建立学科专业的动态调整机制，根据新形势要求和招生情况，适时调整强基计划招生专业。

符合高校报考条件的考生可在高考前申请参加强基计划招生。高校依据考生的高考成绩，按在各省(区、市)强基计划招生名额的一定倍数确定参加高校考核的考生名单。考生参加统一高考和高校考核后，高校将考生高考成绩、高校综合考核结果及综合素质评价情况等按比例合成考生综合成绩(其中高考成绩所占比例不得低于85%)，根据考生填报志愿，按综合成绩由高到低顺序录取。

高校对通过强基计划录取的学生单独制订人才培养方案和激励机制，实行导师制、小班化等培养模式，对学业优秀的学生，高校在免试推荐研究生、直博、公派留学、奖学金等方面予以优先安排。

2024年强基计划招生院校共有39所，分别是：北京大学、中国人民大学、清华大学、北京航空航天大学、北京理工大学、中国农业大学、北京师范大学、中央民族大学、南开大学、天津大学、大连理工大学、吉林大学、哈尔滨工业大学、复旦大学、同济大学、上海交通大学、华东师范大学、南京大学、东南大学、浙江大学、中国科学技术大学、厦门大学、山东大学、中国海洋大学、武汉大学、华中科技大学、中南大学、中山大学、华南理工大学、四川大学、重庆大学、电子科技大学、西安交通大学、西北工业大学、兰州大学、国防科技大学、东北大学、湖南大学、西北农林科技大学。

(2) 综合评价招生

综合评价招生是高校将考生的高考成绩、高校自主测试成绩和高中学业水平考试成绩按照一定比例折算成综合分，最终以综合分排名择优录取的一种多元评价招生录取方式。

需要注意的是，并不是每一所高校都有综合评价招生的方式，目前只在部分省市和部分高校实施。2024 年山东省综合评价招生的院校如下。

省内:山东大学、中国海洋大学、中国石油大学(华东)、哈尔滨工业大学(威海)、山东科技大学、山东财经大学、青岛大学、青岛科技大学、山东师范大学;

省外:中国科学院大学、北京外国语大学、南方科技大学、华南理工大学、浙江大学、上海纽约大学、昆山杜克大学、上海科技大学、深圳北理莫斯科大学、香港中文大学(深圳)。

计算综合评价总分的比例由各招生院校确定,目前主要分为 3 种模式——第一种,高考成绩与院校考核成绩的比例为 8.5∶1.5;第二种,高考成绩与院校考核成绩的比例为 7∶3;第三种,高考成绩、院校考核成绩及考生高中学业水平成绩的比例为 6∶3∶1。

2. 研读文件,掌握招生流程

(1) 强基计划的招生程序和时间节点

① 3 月底前,试点高校发布年度强基计划招生简章;

② 4 月,符合报名条件的考生可在网上报名参加强基计划招生;

③ 6 月,考生参加高考;

④ 6 月 25 日前,各省级招生考试机构向有关高校提供报名考生高考成绩(不含高考加分);

⑤ 6 月 26 日前,高校依据考生的高考成绩,按在各省(区市)强基计划招生名额的一定倍数确定入围高校考核的考生名单并公示入围标准;

⑥ 7 月 4 日前,各高校完成对入围考生的学校考核;

⑦ 7 月 5 日前,高校根据考生填报志愿,按考生综合成绩由高到低确定录取名单并公示录取标准。

(2) 综合评价的招生程序和时间节点

① 10 月初—次年 5 月,简章发布。各高校的招生简章发布时间不同,最早在上一年 9—10 月份发布,大多集中在 2—5 月发布。

② 2 月—5 月,网上报名。高校综合评价招生简章发布后开始报名,大部分院校在阳光高考特殊招生报名平台报名,部分院校在高校官网报名。

③ 5 月底,高校公布初审名单。报名截止后,高校开始审核考生报名材料和其他相关信息,确定初审通过的名单,一般在 5 月底会在官网或阳光高考平

台公示。

④ 6 月 7 日—10 日，考生参加高考。

⑤ 6 月中下旬，各高校组织校测。

⑥ 6 月下旬(一般在高考出分前)，各高校公布综合评价入选名单。

⑦ 6 月底—7 月初，志愿填报并录取。获得录取资格的考生在所在省市综合评价对应批次填报志愿，等待高校提档录取。

3. 因人而异，结合孩子实际给出合理建议

(1) 关于强基计划的相关建议

① 强基计划是进入顶尖高校的重要途径。在现有高考区分度降低的趋势下，强基计划这类特殊招生必定是顶尖高校选拔人才的重要途径。所以，建议有条件的考生一定要参与。

② 竞赛和综合成绩需平衡，缺一不可。很多家长和考生纠结，到底要不要只攻综合，放弃竞赛。虽然综合成绩是入门条件，但在高校考核中，为选拔出高校意向的基础学科拔尖考生，选拔测试通常会加大难度，偏向竞赛风格和方向，没有良好的竞赛基础很难在考试中胜出。

③ 提前学习研究政策刻不容缓。近几年，高校招生政策一直处在改革调整状态，如提前不做关注和研究，很容易出现临时抱佛脚、仓促准备的情况……

④ 提前进行生涯和学业规划更加重要。在现有政策及新高考实施趋势下，考生需提前了解自己的兴趣爱好及特长，提前了解和关注意向高校、专业及选拔路径要求，这样才能让选择更有针对性，也更能激发学习的内驱力。

(2) 关于综合评价招生的相关建议

综合评价报考要求相对较低，录取优惠大。对部分平时成绩可能距离目标院校有一点差距的考生来说，借助综合评价，就能有机会优先冲进目标院校。因此，符合以下条件的考生可以关注报考：

① 综合成绩优秀。大多数高校在综合评价招生时都会考虑学生的高中成绩排名，部分高校还会对考生的竞赛奖项提出要求。一般来说，高中成绩排名靠前的考生在报名中占有优势。

② 全面发展，综合素质优秀。高校在综合评价招生时还会考虑考生的综合素质，包括高中学业水平选考科目合格情况、综合素质评价等级等。

③ 学科特长突出。尽管许多综合评价招生院校对考生竞赛奖项没有特殊要求，但如果考生有相关奖项（如：在五大学科竞赛、科创类、文学素养类竞赛中取得省三以上奖项），则可以作为考生学科特长的证明，使考生在竞争中更具优势。

④ 思想品德优秀。一些综合评价招生院校还会考虑考生的思想品德表现，如获得省、市级三好学生、优秀班干部等荣誉。

⑤ 外语成绩优异。北京外国语大学综合评价招生重点招收外语学习能力突出，具有浓厚外语学习兴趣的考生，中外合作院校综合评价招生也要求考生有较强的外语基础。

⑥ 对未来有较为清晰的规划。即初步明确自己大学想学的专业以及未来想从事的职业，并且对意向专业很感兴趣，也有一定的专业知识积累，这类考生非常受综合评价招生的青睐。

(3) 相关常见问题辨析

① 强基、综评能同时报名吗？

答：可以。强基计划、综合评价报名不冲突，符合条件的考生都可以报名，增加升学机会。需要注意的是，强基计划录取批次在综合评价录取的批次之前，报名前需要综合考虑。

② 复读生可以报考吗？

答：从高校招生简章来看，大部分院校是招收复读生的，只有少部分院校只招收应届生。在报考院校之前，需要仔细阅读该院校的招生章程，了解清楚报考条件。

③ 进入院校就读后可以转专业吗？

答：根据各招生项目及院校要求有所不同。强基计划原则上不允许转专业，部分院校在研究生阶段可以选择本专业交叉学科就读。综合评价大部分院校是支持转专业的。每年院校开放报考的专业也会有所不同，考生在报名前可以仔细研读高校招生简章，了解清楚专业信息以及转专业限制。

30 孩子不会合理选科，怎么办？

困惑打卡

高一上学期就要结束了，孩子马上要面临选科问题。学校通过家长会等途径进行了相关培训，但还是迷迷糊糊，弄不明白。听说选大理组合覆盖的专业面会更广，国家也需要更多理工科人才。但孩子反映上了高中后物理、化学都挺难，担心孩子学不好……是根据大形势做出选择？还是权衡孩子的优势学科做出选择？

家长心声

家长 A：我家儿子跟我说新高考对他没有多大影响。他各科成绩比较平均，理科相对较好一点，想选的是物理、化学和生物。高考改革前理综就是这三门，现在他还是选这三门。他很坚定自己的选择，我们除了全力支持他，还需要做些什么？

家长 B：我家孩子对新高考很满意，她说，“我有点偏科。如果是以前，肯定只能选理综，但是理综里的生物一直学不好，偏科有点严重，会影响总成绩。现在自主选择就可以跳过生物，选‘物化地’啦！”也不知道孩子的选择是否合理？

师说心语

新高考改革最大的特点就是取消文理分科，采用“3＋3”科目选择模式。“3＋3”中的第一个“3”是指语文、数学、英语，这是必选的，作为夏季统一高考考试科目。第二个“3”是指学生从物理、化学、生物、政治、历史、地理 6 科中，按照自己的兴趣、志向、优势、高校招生要求，选择 3 门作为高中学业水平等级考试科目（简称等级考），等级考成绩经过转换后纳入高考总成绩。

新高考以“6 选 3”方式扩大了学生的选择范围，把更多的选择权交给学生和学校。通过选择，让学生扬长避短、有个性地发展，使高校找到适合专业培养目标的人才，实现“学其所好，考其所长，录其所愿”。

方案的出发点是好的，但是学生和家长都面临同样的困惑，如何合理选科？选科时需要考虑哪些因素？注意什么问题呢？

理想的选科，是在做好未来职业规划的基础上，在明确报考专业的前提下，在了解专业限定、得分优势、学科特点的背景下做出的理性、合理的决策，需要考生提前了解职业、认识专业、熟悉大学、熟知自我。因此选科是一个系统工程，需要家长与孩子认真准备。

1. 引导孩子进行自我内在世界的探索，正确认识自我

（1）了解孩子的兴趣爱好

兴趣是学习的基础，是学习的动力和源泉。家长要引导孩子不断进行兴趣探索，积极参加各种学科社团活动，在活动中考虑自己喜欢哪些学科，对哪些知识感兴趣。通过兴趣探索，初步确定自己的兴趣类型。

兴趣可以划分为“有趣——乐趣——志趣”三个不同层次。我们可能对很多事情都感兴趣，但是这个层次的兴趣可能并不科学、理性、客观。比如，我们看到心理咨询中的催眠技术很神秘，所以就对心理学感兴趣。但是，随着进一步的学习、了解，发现自己对心理学理论并不感兴趣，对心理学的认识也不够客观、理性，即“自己以为的心理学和真实的心理学并不是一回事”。所以，这个阶段的“有趣”需要我们进一步的探索和了解，不能盲目地根据对某些事情感到“有趣”就决定学习哪些学科，放弃哪些学科。进入“乐趣”阶段后，我们会不由自主地、主动地去了解这方面的知识，喜欢去听这方面的讲座，看这方面的书籍，对这方面的了解也越来越深入。到了“志趣”阶段，一般来说我们会把自己感兴趣的事情与未来的志向与价值观联系起来。

（2）了解孩子的优势能力

能力是指顺利完成某一活动所必须具备的主观条件，是实现生涯目标的重要条件，也是规划适合自己的人生发展之路所必须考虑的因素。霍华德·加德纳的多元智能理论认为我们每个人都拥有八种主要智能：语言智能、数理逻辑智能、空间智能、身体运动智能、音乐智能、人际交往智能、内省智能、自然观察智能，只是每种智能的强弱不同。

所以我们可以让孩子根据多元智能测评结果，绘出自己的多元智能雷达图。然后看一下：哪一项智能是自己特别擅长的？如何展现在生活中？哪一项智能是自己较为不足的？对自己的影响是什么？哪一项智能是自己期待进一步发展的？

不同的人会有不同的智能优势组合。我们每个人都有天赋能力，单纯与其他人比较某一个方面的能力优劣是没有意义的，要以整合的视角探索自己的能力结构。当然，我们也要看一下孩子 6 门功课的成绩及学校排名，结合学科能力，来综合确定究竟应该选择哪三科。

（3）了解孩子的性格特点

性格，是个体对现实的态度，是一组相对稳定的特质，在不同的时间和情境中具有持久性。简而言之，性格是个体在学习和生活中对人、对事所表现出的一种稳定而独特的倾向。只有全面、客观地了解自己的性格，才能清楚自己的生活选择和生涯发展方向。

MBTI 职业性格测评是当今最流行的职业性格测试工具之一，可以帮助孩子了解自己的性格特点。MBTI 从能量获取途径(外向 E－内向 I)、获取信息方式(感觉 S－直觉 N)、决策判断方式(思考 T－情感 F)、行动方式(判断 J－知觉 P)4 个维度来评估性格倾向，每个维度中得分较高的便是孩子的性格倾向。例如，假如您孩子的测评结果为 ENTJ，他的性格特点中通常包括：具有很强的决策力，擅长组织大量人力物力解决问题，擅长深度访谈、公众演讲，乐于吸收新知识且愿意与他人分享，容易过度自信，将自己的想法强加于他人，喜欢制订长期的目标及规划等。他未来适合从事的职业有公务员、咨询顾问、投资顾问、法官、公司管理者等。

需要注意的是：

① 职业与性格的最佳匹配会助力我们在工作中取得更大的成绩，产生更浓厚的兴趣。

② 性格无好坏之分，每一种性格都有它天然的优势和独特性，也有局限和短板。要扬长避短、扬长补短。

③ 虽然一个人的性格发展具有稳定性，但我们一直在成长，职业世界也在不断变化，因此，我们应该用发展的、动态的眼光去审视性格和职业的关系，而不是简单地用测试限制孩子生涯发展的多种可能。

（4）了解孩子的职业价值观

职业价值观决定了工作中哪些因素对自己是重要的，哪些是不重要的，哪些是自己需要优先考虑和选择的，哪些是可以舍弃的……了解自己的职业价值观能够帮助孩子弄清自己在工作中最看重的是什么。所以家长可以借助一些活动或专业的测评量表来引导孩子去探索、澄清自己的职业价值观。（此部分后面有专门的介绍，在此不展开来阐述）

引导孩子对自身兴趣、能力、性格、价值观进行探索都属于自我内在世界的探索，需要综合起来进行考虑，才能让孩子对自己有一个较为清晰的认识，进而做出合理的选择。

例如：高一学生小林，对于未来如何选科存在困扰。为此，小林不断探索和了解自己，通过兴趣测试和探索，发现自己是典型的"研究型"兴趣类型。他平时喜欢看推理小说，喜欢下象棋，善于发现事物之间的联系或关系。他的人格特质中较明显的特点有：严谨、喜欢推理、坚韧自制、喜欢分析、爱好抽象思维等。平时他喜欢玩"跳一跳"游戏，而且每次都能至少得 200 多分，有时甚至能突破 500 分，可见他的精细动作能力较强。他平时喜欢逛"知乎"网站，喜欢分析事情背后的原因及规律，而且通过多元智能测试他发现自己的优势智能是身体运动智能和数理逻辑智能，所以他初步确定选择偏理的学科。

2. 引导孩子进行外在世界的探索，综合考虑各种因素

（1）了解大学、专业、职业、行业、社会需求等相关信息

这一部分的信息非常庞杂，建议家长可以与孩子一起借助网络完成关于我国大学层次、大学专业设置、行业发展趋势、职业种类等相关信息的学习探索。尤其要了解孩子未来要选择的高校专业开设哪些具体课程及课程的难度，有哪些限制条件，了解所学课程与高中各学科的关系，高校各专业的就业方向、人才就业市场形势及未来需求如何等。

（2）了解相关政策与不同高校专业的选考科目要求

家长要与孩子一起全面了解关于选考科目的政策变化与目标高校目标专

业的相关要求及专业限制，具体可以通过"山东省教育招生考试院"官网和教育部"阳光高考网"进行查询。

尤其需要注意的是，2021 年底山东教育招生考试院按照教育部要求公布的《2024 年普通高校招生专业（专业类）选考科目要求》中指出，取消原来选科时的"或"选项，实行"物理＋化学"全面捆绑。如今大学专业对选科的科目要求主要分为 4 类，分别为必选 1 科（其余 2 科自由选择），必选 2 科（其余 1 科自由选择），必选 3 科与不限科目（3 科自由选择）。以山东大学的选考科目为例，报考山东大学的政治学类必须选考思想政治才可报考；报考生物科学类，必须物理和化学 2 个科目同时选择；报考临床医学则需要满足物理、化学和生物 3 个科目同时选择；报考法学类、中国语言文学类、经济学类、工商管理类、公共管理类等专业，不论考生的选考科目是什么都可以报考。

3. 引导孩子学会借助一些工具或策略，科学选科

通过以上探索，孩子对自我、对外在世界都有了一定的认识与了解，接下来就进入决策环节，家长可以引导孩子借助一些工具或策略来帮助完成选科。生涯决策平衡单就是其中一种不错的决策工具。

生涯决策平衡单可以帮助我们全面梳理影响选科决策的诸多因素，并对这些因素的重要性进行赋值，最终在诸多选择中权衡利弊，为做出最佳决策提供有益参考。

操作步骤如下：

第一步，列出所有决策选项。（物理、化学、生物、政治、历史、地理）

第二步，列出影响自己决策的诸多因素，如个人兴趣爱好、自身学科优势、高校专业要求、未来职业理想、父母意见、老师意见等。

第三步，权重分：对影响因素按重要程度按 1—5 分进行权重复分，对自己而言非常重要的赋 5 分，很不重要的赋 1 分。

第四步，因素分：对各决策选项的相应影响因素情况按－10 分到＋10 分进行评分。

第五步，计算加权分：用步骤三的权重乘以步骤四的评分，得出各个影响因素加权后的得分。

第六步，计算总分，综合考虑，比较得出决策结果。

选项 影响因素	权重分	物理		化学		生物		政治		历史		地理	
		因素分	加权分	因素分	加权分	因素分	加权分	因素分	加权分	因素分	加权分	因素分	加权分
个人兴趣爱好													
自身学科优势													
高校专业要求													
未来职业理想													
父母意见													
老师意见													
……													
……													
加权总分													

例如，晓宇同学在进行选科前存在很多困惑：首先，她认为学科成绩应该作为选科的重要依据。但现实情况是，她的各科成绩相对均衡，没有特别突出的优势学科，也没有劣势学科。其次，就兴趣而言，她更偏爱文科学科，对政治、历史尤其感兴趣。但是父母及亲朋好友都说，选科的时候只选择文科学科，将来高考志愿填报选择专业范围会受到限制。

认真分析了自己的现实情况后，晓宇首先写出了自己可能做出的所有决策；接着列出了影响自己选科的各种因素，包括个人兴趣爱好、自身学科优势、高校专业要求、未来职业理想、父母意见等。然后，她按照重要程度对这些影响因素按 1 到 5 分进行权重赋分，例如，晓宇认为个人兴趣爱好因素非常重要，赋分 5 分；父母的意见也较为重要，赋分 3 分。之后，她写出因素分，对各决策选项的相应影响因素的重要性按 −10 到 +10 进行评分，例如，如果选择政治学科，她非常感兴趣，则该学科在个人兴趣爱好因素上的评分为 +9 分，而她在政治学科上的学科优势一般，那么该学科在自身学科优势因素上的评分为+5分。全部评分完成后，晓宇用权重分乘以因素分，得出了各个影响因素加权后的得分。最后，晓宇计算各决策选项的加权总分，比较得出决策结果。最终晓宇同学根据生涯决策平衡单法，权衡利弊，综合考虑后，做出的选科决策是物理、化学和政治学科。

注意在做生涯决策时不要仅凭单一的因素做出绝对的决定，也不要不切实际想要找出一个完美的决策，科学决策一定是建立在事实基础上而不是空想上的，没有最好最优的决策，只有最适合最满意的决策，选科也是这样，没有最好的选科组合，只有最适合自己孩子的选科组合，我们要做的就是用尽可能科学的办法找到这个最适合的组合。

通过以上步骤的探索，相信孩子对于如何选科、如何取舍就会比较清晰了。当然，鱼与熊掌不可兼得，我们要引导孩子学会取舍，学会放弃，集中精力，发展自己的优势智能，在自己感兴趣的领域成就更好的自己。

31 孩子不知道如何填报高考志愿，怎么办？

困惑打卡

孩子上高三了，一直在紧张地复习备考中，没有时间也没有精力去思考将来的志愿填报问题。怕耽误孩子的学习，家长就自己找些资料看看，但感觉得到的信息都是支离破碎的，非常希望能有个懂行的人给些指点和帮助。

家长心声

家长 A：我家孩子还有不到一年就要高考，我很早就开始关注高考志愿填报方面的信息了。查阅相关资料后发现，社会上这方面的信息过于庞杂。需要了解学校，又需要顾及专业，还需要考虑就业前景，孩子是不是感兴趣等等，感觉高考志愿填报就是一项规模浩大的工程，我实在驾驭不了……该怎么办呢？

家长 B：我家孩子学习成绩挺好的，但我文化程度不高，更谈不上专业，了解和掌握的信息也比较少，特别担心高考填报志愿时无法给孩子好的建议，影响到孩子的未来发展。

师说心语

高考关系到千家万户，牵动着无数家长和考生的心。高考不仅要"考得好"，还要"报得好"。"考得好"这一点家长能够起到的作用非常有限。所以，"报得好"对于家长来说就显得格外重要，这是高考成功最重要的一项外因。

高考志愿填报对考生而言是一件极其棘手的事情，尤其新高考招生制度改革，志愿填报变成专业（类）＋学校的模式，更是增加了填报志愿的难度。由于孩子高三的学习非常紧张，没有更多的精力去查询有关志愿填报的资料。据调查，在高考志愿填报时，很少有孩子独立填报。因此，家长在这方面可以做孩子最好的助手与参谋。

理想状态下的高考志愿填报有三个重要依据：第一，要依据孩子的兴趣偏好、能力水平等来选择专业类；第二，要依据社会发展的现实需求来对专业类进行选择；第三，要依据孩子的高考成绩、各高校与其各专业的分数线及排名对高校进行选择。家长可以先让孩子充分发表意见，双方再充分讨论与沟通，力争使主观愿望最大限度地接近客观情况，使最终方案获得孩子的认可。

第一步，了解自己的孩子，做好分析师和指导师

家长要积极和孩子进行沟通，清楚地知道孩子的个性、兴趣和特长，充分了解孩子各方面的诉求，一起探讨孩子通过大学的深造，想要过怎样的人生。

如果孩子在语言方面有天赋，就可以考虑一些语言类的专业；如果孩子在体检中有轻度色觉异常（俗称色弱），就要避免填报化学类专业、应用心理学、生物医学工程和临床医学等专业；如果孩子裸眼视力任何一眼低于 5.0，就不要报考飞行技术专业。财经、外语等专业对英语单科成绩一般有限制，要求口语考试要合格。如南京财经大学国际经济贸易专业要求英语单科成绩不低于 110 分。政法公安类专业一般要求男性身高 170 cm 以上，女性身高 160 cm 以上。家长首先根据孩子自身情况，帮忙筛掉不适合自己家孩子的专业，把选择范围缩小。

如今采用的是“专业（类）＋学校”的形式进行报考，所以一定要先把专业定出来，一般建议，选择 6～10 个专业或者方向进行选择报考。

选择专业的方法：

1. 孩子目标明确。比如，孩子自己心中有想法，就想学计算机专业或者金融类专业，这种有目标的是最好的。

2. 家族有职业资源。比如，家族中多人都是医生，在医学界资源人脉比较广，那么可以让孩子也选择学医，这样就业后有家族的资源，会更容易发展。

3. 孩子有自己的兴趣爱好。看一看孩子平时日常生活中对哪一块感兴趣，比如对飞机或者汽车感兴趣，那么可以选择机械或者航天类专业。

4. 孩子有自己的学科特长。比如孩子平时就很喜欢物理，那么可以选择物理类相关专业。如物理学、建筑学、土木工程、机械工程、电气工程、水利水电工程、环境科学、精密仪器、电子工程、自动化、能源工程等，在未来的就业环境情况下，这些以物理为基础的工科专业将会拥有非常好的前景。

5. 如果孩子没有明显的专业倾向，建议可以通过科学的诊断工具进行测评，然后根据系统推荐的专业来参考选择。比如霍兰德兴趣测评，MBTI 性格测试等。

第二步，了解新高考政策，当好信息搜集员和政策解读员

下面列举家长需要搜集的最基本的几类信息：

1. 国家大政方针。例如国家加大对环境保护综合治理的力度。孩子正好在这方面有兴趣，就可以选择与环境保护相关的专业方向。国家要大力发展高端制造业和现代服务业，可以让孩子在专业方向的选择上考虑高科技发展需求的专业类别等。

2. 高考招生政策。家长需要了解高考关于类别、体检标准、录取批次、填报时间的规定、各分数段统计信息、投档比例、贫困生的帮扶措施、国家专项计划政策、地方专项计划政策、高校专项计划政策、同等条件下优先录取政策等。

提醒各位家长注意以下三点：

(1) 本科一批次录取最低控制分数线，是省考试院按照当年一批次招生计划数的 120%划定。因此，会有部分本科分数线上考生“走”不了本科院校。

(2) 平行志愿也有先后顺序。平行志愿填报的院校是分先后顺序的，计算机会根据考生填报的院校志愿顺序依次投档。

(3) 只有一次投档机会。96 个志愿不是多次投档，即被一所学校退档后再投另一所学校。实际上，平行志愿投档是一次性完成的，考生只有一次投档机会。当考生已经被投档到某志愿高校后，意味着该考生投档工作已经完成，剩余志愿不再检索。

3. 院校信息。家长要详细了解目标大学的办学层次、院校隶属、师资力量、考研比例、办学性质、办学地点、培养方向、就业情况、录取规则、近三年院校录取分数等方面的信息。并要对这些信息进行综合考量，然后再根据孩子的情况选择适合的院校。

4. 专业信息。学科专业实力、本科专业设置、近三年专业录取最高分和最低分数、专业录取人数、专业培养对单科成绩（外语、数学等）的要求、体检要求（有的专业没有在招生章程中说明，而是服从教育部关于《普通高等学校招生体检工作指导意见》中的规定）、招收男女生比例要求、民族要求、语种要求、录取规则等。

5. 招生信息。家长还要对当年下发的考生填报志愿教材、《招生计划》《阳光高考》栏目中公示的《招生章程》进行详细的解读。

志愿填报教材中会对填报志愿的方式、流程、时间进行详细说明，同时还会对填报志愿中的注意事项进行公告。招生计划中明确规定了拟报院校、专业录取批次、院校、专业代号、招生人数、是否定向、办学地点、收费标准、专业类别、学制、男女、是否需要口试成绩等，还有对考生的语种、民族、户口所在地区等的相关要求。考生和家长如果不结合自身情况仔细阅读就盲目填报，可能就会被无情退档，与向往的大学失之交臂。

招生章程是高校开展招生工作的重要依据。每年都有考生因为没有对高校的招生章程进行认真地研读而被退档的例子，特别是一些高分考生，实在令人惋惜。院校招生章程会对招生政策、录取规则、招生人数等事项进行详细的说明，所以一定要对目标大学的招生简章进行仔细的分析。

第三步，准确定位，做好数据分析师

家长需要对各分数段统计信息和招生计划数进行对比分析。家长要通过一分一段表知道往年和自己家孩子相同位次的考生是什么成绩；然后再查阅往年院校的录取数据，可以知道往年和自己孩子相同位次的考生都录取到了什么院校的什么专业。这样对填报志愿会有一定的参考作用。一般分析的数据至少是近三年的。

例如，孩子考了 610 分，对应的位次排名是 11 000 名（举例），再看看去年排在 11 000 名的考生都录取到哪些院校和专业，作为今年填报的参考。在这一点上，家长一定要研究透彻，做好功课。

第四步，志愿填报，做好数据录入员

为了在网报志愿时，能够准确输入心仪的院校代号及专业代号，家长需要帮助孩子针对心仪的院校和专业提前设计好表格录入要填报的院校代号及专业代号。根据孩子的高考分数，家长选择一定数量（至少 20 所）的高、中、低三档院校和专业代号进行录入。当然，填报志愿是家庭的一件大事，孩子在填报志愿的过程中不可缺席，因为最终的决定权还是在孩子手中。但如果家长把自身的角色扮演好，就可以助孩子一臂之力。

另外，填报志愿一定要注意形成合理志愿梯度，以避免滑档。那 96 个志愿如何形成“冲、稳、保”合理的梯度，呢？建议可以这样做：

1. 冲：96 个志愿冲的数量可控制在 20 个左右，一般可冲高出 10 分左右的志愿。冲的方法有这么几个——①冲院校层次，比如 610 分冲个好一点的“双一流”大学，为了这个学校去的，专业可以选个相对冷门一点的；②低分段冲个公办本科院校；③冲专业，比如某个学校的优势专业，往年分数比孩子的分数要高一点，便可以将这样的志愿放到冲刺里面，来冲一下这个优势专业。利用这个思路选上 20 来个志愿即可。

2. 稳：一般选比孩子分数低 10 分以内的专业，比如孩子考了 610 分，稳的那些志愿一般就是往年在 600 左右的专业，这样按孩子的喜好排一下序。稳的志愿可控制在 40～50 个。

3. 保：保底的志愿一般在 20～30 个左右，保底的专业通常要比孩子的分数低 20 分以上，或者保一个更低的。因为志愿比较多，所以这个数量可自己合理安排，注意冷热门专业搭配。

4. 合理安排顺序：每个梯度都要把孩子最想去的志愿放在前面，把最不想去的放在最后面。因为平行志愿下，只要有一个志愿分数够了就会被录取，但是如果有多个志愿分数够了不可能多个学校抢着录取你，通常哪个志愿在前哪个志愿就会被优先录取。

在这里提醒家长们一句，千万不要都擦边报考。以往有些家长害怕浪费孩子的分数，会找一个往年擦边的专业，比如孩子考了 610 分，报的志愿都是在 610 分附近的，这样如果是冷门专业还略微好点，但要是遇到热门专业就很容易滑档。所以报考时一定要拉开梯度。

高考本来就是七分考，三分报，里面有很多技巧和方法。家长要好好学习一些高考志愿填报的知识，懂一些思路和方法，才不至于在报考时抓瞎。

志愿填报是孩子生涯规划的起点，家长不可包办代替，本着“适合的就是最好的”原则，理性看待高考志愿填报，当家长与孩子因专业选择发生冲突时，家长要积极、耐心地与孩子沟通，并结合自己的阅历给予孩子合理的建议。

高考志愿填报是一个非常个性化的选择，每所院校都是根据孩子的具体情况做出的有针对性的选择。但无论怎样的选择，都要以积极的心态面对录取结果。“人生的奔跑，不在于瞬间的爆发，而取决于途中的坚持。”

32 孩子不明确自己的职业价值观，怎么办？

困惑打卡

我儿子就想学信息工程、计算机之类的专业，想着将来毕业进外企，拿高薪。我跟他妈妈感觉那不是他的长项，就一直劝他，跟他说那种工作压力很大，经常加班，而且在大城市生活竞争很激烈，选个相对稳定点的职业也挺好，没必要太辛苦。可我们一说他就不愿意听，说跟我们聊不到一块去。

家长心声

家长 A：我家孩子今天喜欢这个，明天喜欢那个，几天一变，没有个正主意。问她将来想从事什么职业，她描述得天花乱坠的。一会说挣钱多的，一会说轻松的，一会说老板要通情达理，人性化管理的，啥好事都想要，我该怎样引导她学会取舍呢？

家长 B：我跟孩子他爸都是山东人，就一个孩子。所以不希望他将来离我们太远，就想一家人在一起，互相有个照顾，有事也可以搭把手。可是孩子总想出去闯一闯，不想在山东上大学，甚至想出国深造。我们打心底里不支持，感觉孩子有些好高骛远，要怎样和孩子探讨这个问题呢？

师说心语

每个人的生活经历不一样，所持的职业价值观也不尽相同。有的人喜欢朝九晚五的工作，有的人喜欢具有挑战性的工作，有的人喜欢丰厚的报酬，有的人在工作中更在意得到别人的尊重……那什么样的生活才是孩子真正想要的生活呢？在面临专业选择和确定职业的人生重大选择时，我们要引导孩子学会不断明确自己的价值观，明白自己到底想要的是什么。

1. 引导孩子认识和了解职业价值观

价值观是指人对客观事物及自己行为的意义、效果和重要性的根本态度，是判断什么是好的、什么是重要的基本标准。价值观一旦形成，便具有相对稳定性。价值观在人们的生活中起着极其重要的作用，面对工作生活中各种选择，人们最后做出判断的标准就是自己的价值观。

职业价值观就是个人价值观在职业选择上的具体体现，也可以称之为择业观，它是人们对待职业所持有的一种信念和态度，或是人们在职业生活中所表现出来的一种价值取向。人们在选择不同职业时，往往根据工作给自己生活带来的综合影响，其中个人的职业价值观决定着人们是否选择该工作。

由于个人的身心条件、年龄阅历、教育状况、家庭影响、兴趣爱好等方面的不同，人们对各种职业有着不同的主观评价。而且由于社会分工不同，各种职业在劳动性质、内容、难度、强度、条件、待遇以及发展空间和稳定性等诸多方面都存在一定的差别。再加上传统思想观念的影响，各种职业在人们心目中的声望和地位也有好坏、高低和贵贱之分。这些因素形成了人的职业价值观，影响着人们对就业方向和职业岗位的选择。

根据不同的划分标准，人们对职业价值观的种类划分也各不相同。美国心理学家洛克奇（Milton Rokeach）在其著作《人类价值观的本质》一书中提出了13种价值观，分别是：（1）成就感；（2）美感的追求；（3）挑战；（4）健康（包括身体和心理）；（5）收入与财富；（6）独立性；（7）爱、家庭、人际关系；（8）道德感；（9）欢乐；（10）权力；（11）安全感；（12）自我成长；（13）协助他人。

我国学者阚雅玲则将职业价值观分为12类，分别是：（1）收入与财富；（2）兴趣特长；（3）权利地位；（4）自由独立；（5）自我成长；（6）自我实现；（7）人际关系；（8）身心健康；（9）环境舒适；（10）工作稳定；（11）社会需要；（12）追求新意。

2. 引导孩子探索与澄清自己的职业价值观

什么是孩子内心深处真正想要的生活？家长可以引导孩子做有关“工作”的一分钟联想练习——即让孩子展开想象，在一分钟的时间内尽可能多地写出自己头脑中所联想到的与工作有关形容工作特质或属性的短语，完成以下句子。

我希望我的工作：＿＿＿＿＿＿＿＿＿＿＿＿＿＿＿。

我希望我的工作：＿＿＿＿＿＿＿＿＿＿＿＿＿＿＿。

我希望我的工作：＿＿＿＿＿＿＿＿＿＿＿＿＿＿＿。

……

例如：我希望我的工作具有创造性、没有太大压力、较为稳定、离家近、赚钱多、环境优越、有挑战性、学习机会多、有社会地位、清闲、自由……这些关键词反映了个人在工作中所寻找的是什么、需要的是什么、用什么样的标准来判断工作的“好”与“坏”等。

家长也可以在此基础上进一步引导孩子问自己：如果世界上所有工作的收入都是一样的，你会做什么？有的孩子可能希望未来从事压力小的工作，过安逸稳定的生活；有的孩子可能希望从事具有挑战性的工作，未来成就一番大事业；有的孩子可能希望未来在工作中做自己喜欢并擅长的事……当不同的想法存在冲突时，最终影响孩子决策、左右其职业选择方向的，往往是存在于孩子们内心的职业价值观。

美国著名心理学家马斯洛提出人有五个层次的需求：生理需求、安全需求、归属和爱的需求、尊重的需求以及自我实现的需求。只有当低层次的需求满足以后，个人才能够更好地满足更高层次的需求。这些需求是强大的内在驱动力，体现在我们生活中的方方面面。

3. 借助职业价值观测试，帮助孩子进一步了解自己的价值观

家长可以引导孩子借助舒伯的职业价值观测试（网上有测试量表和测评平台）对自己的职业价值观有一个初步的了解，并根据得分进行简单的排序。

然后结合排序，家长可以和孩子一起来进行具体分析，着重分析孩子最看重的前三项职业价值观以及最不看重的后三项职业价值观，让孩子对结果进行确定后，简明阐述自己的看法，从中我们就可以大致看出孩子的职业价值观倾向，在选择职业时便可以加以考虑。

4. 引导孩子理解职业价值观形成的原因

家长可以陪孩子观看《人民的名义》前3集，并与孩子一起思考：赵德汉的职业价值观是什么？这种价值观的形成受哪些因素的影响？影片中赵德汉贪污了国家巨额财产，现场那句“我是农民的儿子，从小穷怕了。这些钱我一分也没花，不敢……”让我们印象深刻，由此可以看到他的价值观中经济报酬和安全感就比较靠前。而他说从小家里穷，穷怕了，或许就是背后的影响因素。加上他本人理想、信念的丧失，最终导致违法事件的发生。综合来看，影响价值观形成的因素有以下几点。

社会大环境的影响：一个社会的主流价值观念影响着个人价值观的形成，并随着时代的发展不断发生着变化。

家庭的影响：家庭是每个人接受教育的起点，家庭教育对一个人的成长成才有着深远的影响，也同样影响着孩子职业价值观的形成。

重要他人的影响：青少年的成长过程中往往还会受到诸如老师、长辈、亲戚、偶像等“重要他人”的影响。这些“重要他人”的思想观念、生活方式、为人处世……都会在青少年成长过程中留下独特的印记。

个人经历的影响：个人的身心条件、年龄阅历、重要事件、兴趣爱好等方面的不同，也影响着孩子对各种职业的主观评价。

职业价值观的形成绝非一日之功。家庭背景、父母的教养方式、社会的价值取向、学校的文化宣传和身边的同学、朋友都在无形中塑造着孩子的职业价值观。孩子也许暂时弄不清楚自己的职业价值观，但是每一次对价值观的探索，都会让孩子更加了解自己。随着自身的成长，在不断地澄清和确认中，孩子总会找到自己看重和珍视的方向。当然，孩子所看重和珍视的价值观要想实现，还需要通过现实中自身的不懈努力来获得和实现。

生活与社会适应篇

33. 孩子不能很好地适应新环境,怎么办?

34. 孩子手机管控能力差,怎么办?

35. 孩子生活自理能力差,怎么办?

36. 孩子自我管理能力差,怎么办?

37. 孩子喜欢追星,怎么办?

38. 孩子睡眠质量差,怎么办?

39. 孩子爱攀比,怎么办?

40. 孩子过于依赖父母,怎么办?

33 孩子不能很好地适应新环境，怎么办？

困惑打卡

九月份是开学季，孩子们要进入新的学校或者新的班级了。每个孩子天生的气质不一样，导致他们对新环境的适应速度有快有慢。有些孩子适应新环境的能力差，特别害怕进入一个新环境中。每次升学或转班之初，都会非常紧张，吃不下饭，睡不着觉，甚至做出假装生病之类的逃避行为。这时候，父母也会因此产生很大的心理压力，要怎样做才能帮助孩子尽快地适应新环境呢？

家长心声

家长 A：我们家孩子从小就抗拒进入新环境。当初上幼儿园的时候，就花了别人家孩子两倍多的时间才适应。到了小学升初中，因为有很多她认识的朋友一起进入新学校，她适应得还算可以。但初中升高中的时候，虽然做了很多入学准备，但入学后才发现还是有太多的不一样，第一次住校，第一次在学校食堂吃饭，第一次面对如此繁重的课业压力……这么多的第一次让孩子措手不及，入学很长时间都没能调整过来，直接影响到了学习。我们作为家长，一方面心疼孩子，另一方面在担忧着孩子现状的同时，还担忧着日后面对更加复杂多变的人生境遇时，孩子能否有力招架……

家长 B：孩子如愿升入高中了，全家人都很开心。开学第一天我和他爸爸高高兴兴地把孩子送到学校，到宿舍帮孩子把床铺整理好，千叮咛万嘱咐后恋恋不舍地回了家。结果天没黑就接到了孩子的电话，电话里孩子边哭边说：天这么热还军训，又不能随时洗澡；饭太难吃了，没有喜欢吃的东西；厕所里没有马桶，味道还大得很，午睡时宿舍里有人打呼还有人磨牙，根本睡不着。白天这样，晚上就更恐怖了……要回家，不想上学了……哎，也怪我们平时对孩子照顾得太精细了,学校里的条件怎么能和家里比呢?我们劝了半天,孩子总算是不哭了,但还是坚持要回家,说什么也不住校了。我们该怎么办呢?

师说心语

新学期开学之初,高一新生适应不良是高中心理健康教师们接待最多的问题,覆盖面广,涉及学生多,程度不同,处理不及时不到位会严重影响孩子后续的生活和学习,乃至整个学业发展,应该引起我们足够的重视。

心理学上的"适应"指的是个体的行为表现和心理表现能够在一定程度上适应环境变化的能力。对新环境的适应不仅会带来种种心理和行为上的困难,更是个体发展的重要契机。每一次的良好适应,都将对孩子的成长产生重要而深远的影响。每一次的适应不良,又将带来种种困难,例如问题中提到的"情绪低落",又或者是其他负面的体验与感受。那么到底该如何看待适应性问题,又该如何提高孩子的适应能力呢?

首先,要知道无论孩子们进入新环境时的姿态是被动还是主动的,都会不可避免地产生紧张的心情。"世间唯一不改变,就是不停地改变"。正如歌词里描写的那样,环境的改变永远不可避免,我们只能永远去适应环境的改变。虽然人的大脑对环境的改变异常敏感,但大脑的特性决定了:只要改变不可避免,适应所带来的负面感受就还属于人之常情。只要能够将这些负面影响控制在适度的范围内,家长们就不必过于担忧。请停止喋喋不休的唠叨和无微不至的关爱,在保证安全的前提下,放手让孩子们一点一点拓展认知的边界。而且适应性是会随着年龄的增长逐步增强的。所以,那些高中阶段甚至是大学阶段的孩子理应得到更多适应的自由。家长朋友们要适度地把自己的角色从遮风挡雨的大树,转变成支持孩子与鼓励孩子的后盾。也许有一天家长们会突然发现,原来孩子们适应新环境的能力远比我们想象得更强!

其次,与其将关注点放在如何提高孩子适应新环境的能力上,不如转而思考孩子的适应困难到底出现在哪些方面。比如说,有些孩子的适应问题可能出现在学习方面,他们无法在短时间内适应新的学习挑战;再比如说,有的孩子的适应困难可能表现在人际关系上,他们难以在短时间内找到新的同龄伙伴,或者难以融入新的集体中;还有可能是生活环境与文化环境的不适应,使他们无法很快调整好自己的身心状态与生活习惯,难以融入充满挑战性的新环境中。

当孩子们面临这些具体的适应困难时,我们可以把工作做在前面。一切适应能力的发展都是建立在前一次成功适应的经验之上的。鱼苗下塘前需要使其先逐步适应水温,树苗的移植也要逐步使其适应新的光照条件。适应不是突变,注定不能够在一朝一夕完成。

因此,家长们可以在孩子进入新环境前有针对性地帮助孩子提前进行适应性训练。比如,开学前可以带孩子去购买新学期的文具与书本,做好开学前的硬件准备;调整孩子的作息习惯,使其作息逐渐符合新环境的要求;鼓励孩子提早接触即将学习的知识,甚至是带领孩子提前到即将要生活一段时间的新场所、新单位实地考察一番,做好心理上的准备。正所谓"不打无准备之仗"。找准新环境的要求,看准孩子的弱点,然后提前进行一些充足的准备,将会在一定程度上减轻适应困难带来的情绪问题。

在学习上,看重孩子的学习习惯与认知能力发展,而看轻孩子的成绩。课前预习,课后复习,错误要及时改正,同一知识点、同一题型绝不再错第二遍,认真对待每一次作业与考试,甚至端端正正写好每一个汉字、数字和字母,这些学习习惯都比分数更重要。广泛而深刻的兴趣,良好而持久的注意力,由求知而引发的内在学习动机,还有敏捷的判断、缜密的推理和成熟的逻辑思维,这些品质都比成绩更加珍贵,也远比一次考试成绩的增减更值得引起重视。随着孩子们年龄的增长,学习内容与学习任务都会变得越来越艰难,学习适应是学生阶段的重要适应任务,相信这些品质会在孩子们去应对越来越高的学业要求的过程中,成为无往不利的武器。

在人际关系方面,鼓励孩子们与老朋友保持友情的同时,积极拓展新的人际圈子,建立新的友谊。家长们要尽早意识到朋辈关系对于孩子发展的重要性,也要尽早鼓励孩子们诚心交友,勇敢表达,多参与集体活动,尽量避免因没有朋友而产生难以消化的孤独感。可以在家中举办新同学会,邀请新同学到家里来做客,为孩子提供一个彼此熟悉和玩耍的机会;鼓励孩子们适度沟通,结伴克服困难,在集体任务中发光发热,尽早融入新集体,相互鼓励,共同面对繁重的学习任务。

心理学所关注的适应性成了时时凸显的重要问题，也成了众多家长们关注的焦点问题。从孩子进入幼儿园开始，每一次升学或转班都会带来新的适应性挑战，甚至在成年之后仍然会面临许多新环境的适应问题。国家的发展，社会的进步，时代的转身随时都有可能将我们所有人拉入不断变化的世事中。不要奢望我们的孩子能远离变迁，也不必担忧适应带来的痛苦。强健的身体、良好的道德、健康的心理状态还有珍贵的信任与爱，都会成为适应能力发展的重要基石。让我们放下包办一切的陪伴和自我感动的控制，用以身作则和谆谆教诲来陪伴孩子们走过缤纷多彩的春夏秋冬。

34 孩子手机管控能力弱，怎么办？

困惑打卡

孩子周末休假回家或者放假在家，抓着手机不放手，晚上玩通宵，沉迷其中不能自拔。父母要是说说他，总是有一大堆理由怼你。说多了，直接跟你冷战。如果没收手机，干脆要死要活的。怎么才能让孩子摆脱手机的诱惑呢？

家长心声

家长 A：孩子上了高中后，我们知道他学习时间长、任务重、竞争压力大，需要放松，所以对手机的管控不是很严格。但他的考试成绩下降了，我们说他是看手机影响的，他就怼我们说大休回家就想看看短视频、玩玩游戏、和朋友聊聊天来放松一下紧张疲惫的身体。还说可以增进同学朋友的友谊，不要让我们总盯着他，只关心学习。这么大的孩子，打不得、骂不得，我们该如何做？

家长 B：智能手机是一个强大的学习平台，通过手机可以学习到很多知识。我家老大在高二时迷上了无人机，自己购买了编程网课学习，后来参加全国无人机大赛获得二等奖。大学时考上无人机专业，毕业后被北京一家高科技公司录用。我家老二今年刚上高一，受他哥哥的影响，喜欢建筑装潢设计，也从网上下载了酷家乐装修设计软件天天学习。我们原本很欣慰，但现在他天天捧着个手机，废寝忘食的，眼看着他眼镜的度数越来越高，我们越来越焦虑，别没等长成参天大树，这种子就废掉了。我们该怎么办呢？

智能手机给我们的生活、学习、社会交往带来了极大的便利，家长 B 家的老大便是很好的范例。但很多时候，沉迷手机却成为很多孩子影响学业前程和身心健康最常见的根源之一。当然，孩子成绩下降不一定是玩手机造成的，也可能与孩子的思维方式、学习能力、学习热情及努力程度等有关。如果孩子因为手机管控能力差而导致学习成绩下降，甚至出现了厌学、退学等现象，我们应该采取什么措施来防患于未然呢？

1. 购买手机之前，先约定“手机共管公约”

大部分手机成瘾的形成，是由于孩子学习成绩下降而产生了沮丧情绪，沮丧情绪与学习情境一一建立了条件反射，条件性情绪是学生痴迷手机的关键原因。之后在手机中寻找快乐，快乐情绪与游戏、小说、短视频等建立了条件反射。学习的沮丧情绪与游戏等的兴奋快乐情绪相互推动，产生了逃避学习和痴迷手机等行为。这就需要购买手机前，家长和孩子提前制订契约，然后由父母监督执行。如果孩子违背了约定，就要受到一定的惩罚。经过一段时间的训练，外控逐渐转化为自控，孩子养成了自觉遵守约定的习惯，手机自控能力就可以逐渐形成。

《手机契约》一般包含以下四个要点：

(1) 周一至周五上学期间不能玩手机；

(2) 周六、周日限定玩手机的时间，且午睡前、晚睡前把手机从卧室拿到客厅的“手机共管箱”中，这条约定适用全家成员；

(3) 午饭、晚饭前后不能玩手机，这段时间要帮助父母做家务劳动；

(4) 如同现实世界，手机的虚拟世界里也有好、坏之分，要充分利用手机有益的一面，自觉远离有害的信息，防止手机成瘾。

2. 父母教育观念要一致

“父母同心，其利断金。”在教育孩子的过程中，如果父母教育理念不一致，孩子会和与自己相一致的一方结成同盟，客观上起到孤立另一方的效果。在帮助孩子形成手机自控力这方面，父母要教育观念一致，和孩子一起制订手机“共管控”公约，奖惩有度，逐步培育孩子的自控力。其一，不能用孩子考试成绩的好坏作为奖励手机的理由;其二,更不要一方遵守公约规则,一方却给孩子打掩护,背地里纵容孩子玩手机游戏,导致孩子玩手机失控。

3. 引导孩子爱上学习

父母在陪伴孩子学习过程中,要让快乐情绪和成就感与学习过程相联结,帮助孩子抓住成功的感觉,逐步激发孩子对学习的兴趣。当孩子与学习建立起良好链接的时候,就不会对手机痴迷。让智能手机成为孩子一生优质成长的"贵人",需要家长精心挑选手机提供的信息,如网络学习课程、视频、电影等,让手机成为辅助学习的工具,为孩子主动学习提供强大的信息支持,为孩子终身成长奠定强大的核心素养。

4. 培养孩子成功者的品质和价值观

"生活处处皆学问",孩子良好个性的形成,需要家长从小注重引导。通过多利用生活素材、多让孩子参与生活实践等方式,培育孩子吃苦耐劳、勤俭节约、勤奋努力、不怕挫折等良好性格特征,培养孩子胸怀远大理想、不怕挫折、关心他人、孝敬父母、有责任担当的成功者个性。反之,孩子以自我为中心、不心疼父母、不关心父母疾苦、胸无大志、贪图娱乐、怕吃苦、遇到困难选择逃避、无责任担当等不良性格特征会促使手机成瘾的形成。智能手机为人类提供了便捷的学习生活方式,同时也藏污纳垢,家长需要为孩子建立护栏,可利用中央电视台优质节目,如感动中国人物、时代楷模、大国工匠等培育孩子志存高远的价值倾向。

5. 要想地里不长草,就要地里种庄稼

要想地里不长草,就要地里种庄稼。要想孩子没时间玩手机,就要把孩子玩手机的时间安排其他有意义的事情,生成新的行为模式,养成新的生活习惯,不妨引导孩子这样做:

(1) 每天为自己设立明确可执行的小目标并尽力去实现它,实现之后及时给自己一个确定的反馈和奖励,以进行强化。

(2) 扩展并培养自己的兴趣爱好,专注于一项或几项特长,培养孩子读书、练字、运动、手工、乐器等兴趣,从而摆脱对手机的依赖。

(3) 发展一种或几种情绪放松的替代性方法。当感到烦躁不安、压抑或焦虑时,尝试采用较为健康的愉悦自己或放松的行为来代替使用手机。比如学习专业的正念、冥想等放松训练，或者是看看窗外、外出散步、与身边的家人朋友聊天等，也是改变固定行为模式的一大步。

最后，如果你觉得采取以上措施后，孩子的状况仍然没有得到明显的改善，并且还是给你带来较大困扰的话，可以寻求专业帮助。

35 孩子生活自理能力差，怎么办？

困惑打卡

现在孩子少，全家几个大人围着一个孩子转。父母工作忙，没有时间也感觉没必要教给他生活技能，认为孩子大了自然而然就会了。再加上祖辈的溺爱，怕孩子受苦受累，家里需要孩子动手做的事，几乎全由大人代劳。久而久之，孩子在成长的过程中错失了掌握生活技能的机会，导致应有的生活自理能力严重缺失。怎样做才能让孩子补上这一课呢？

家长心声

家长 A：我家孩子上高二了，我越来越感到“不可思议”：衣服不给他放到床边他不知道换，书包不帮忙收拾就丢三落四，甚至饭都是给他盛多少就吃多少，不知道自己去添饭……至于家务活儿，那更是暖瓶倒了都不知道扶的……有时候真怀疑我们不在身边的话，他是不是能饿死，怎么办呢？

家长 B：我家孩子小时候挺勤快的，什么都想试一试。不过我和他爸都挺忙的，在教育孩子的过程中缺乏耐心，总是嫌孩子动作慢，做得不好，常常批评多于表扬，孩子的积极性可能受到了打击，现在什么也不干了，房间里一团糟，被子不叠，书桌也不收拾……每天早晨找作业都要找半天，真是愁死人了，该怎么提高他的生活自理能力呢？

师说心语

虽然现在的孩子普遍都非常聪明，但大多数孩子因为父母家人的包办代替，生活自理能力堪忧。孩子自理能力的提升需要一个过程，家长万万不能因为心急、怕麻烦或溺爱孩子，就什么事情都代办，这实际上“剥夺”了孩子试错的机会。我们要允许孩子试错，让孩子尽情体验，能力只有在过程中才能得到发展。只要我们给孩子提供了锻炼的机会，言传身教的同时辅以耐心、恒心，并以足够的信心引导孩子独立处理问题，经常有意识地、积极主动地培养孩子坚韧、独立、自信的良好品格，这是培养和提升孩子自理能力的关键。

1. 培养孩子的生活自理能力

通俗地说，生活自理能力就是能自己照顾自己，它是孩子应该具备的最基础的生活能力。在孩子锻炼生活自理能力的过程中，家长要给予孩子恰当的鼓励，帮助孩子树立自信心，让孩子懂得自己的事情就应该自己做。其实很多时候孩子面临的问题非常简单，自己稍微动动脑筋就可以解决。无论孩子做得怎么样，好与不好，都不要指责埋怨，甚至代办、包办。千万不要试图去打消孩子的独立愿望和努力，从而让孩子养成依赖心理。我们要在提高孩子生活自理能力的同时，培养他们独立自主、有始有终的好习惯。

2. 培养孩子良好的行为习惯

让孩子树立自我服务的意识，学会自己处理自己的事。培养孩子形成良好的行为习惯，要多鼓励，一段时间以后孩子就能自然而然地形成良好的行为习惯。比如给孩子提供经常做家务的机会，让孩子尽早掌握做饭、洗碗、拖地、洗衣服等技能。这些技能是孩子将来独立生活的基本能力，学会这些可以增强孩子的动手能力，培养自信心，对孩子的成长非常重要。

3. 严格要求孩子

孩子有时候会提出一些不合理的要求，作为家长的我们要在感情上表示理解，但在行动上要坚决反对他们的要求。态度要坚定，不能有任何的迁就和动摇，特别要让孩子学会承担责任和后果。比如，孩子不按时起床，就让他承受上学迟到被老师“惩罚”的后果；不按时完成作业就让他承受被老师批评教育的后果；孩子与别人发生了矛盾，就让他学着自己去想办法解决。这样坚持下去，孩子做事之前都会考虑清楚之后再做决定，就会主动约束自己的行为。

4. 教会孩子制订计划

让孩子自己制订计划，自己去执行。几点睡觉，几点起床，什么时候外出游玩，行程如何安排，每天穿什么吃什么玩什么等等，都让孩子自己去安排。时间久了，他的生活就会变得目标明确、条理清晰。

5. 培养孩子的理财能力

理财能力是孩子必备的生活自理能力之一。让孩子了解一些理财常识，自己保管、支配他的零花钱，在此过程中树立孩子的节约意识，提升孩子的财务管理能力。

6. 让孩子经常自我反省

孩子在做事时必然会出现一些失误，这时需要在师长的指导下进行自我反思、自我醒悟。但现在很多父母对孩子过度保护，剥夺了孩子们自我反省、自我成长的机会。因此，家长该放手时就放手，生活中适时提醒孩子对自己的过失进行自我反省，更有利于孩子生活自理能力的提升。

36 孩子自我管理能力低，怎么办？

困惑打卡

孩子上了高中后，每次大休都盼着他回家，准备了好吃好喝的等着他。可孩子回到家，又总是闹得不欢而散。原因是孩子一回到家就想着玩，作息时间混乱，晚上不睡，早上不起，作业不催着不做，家长实在忍无可忍唠叨两句，孩子就大发脾气，摔门而去。家长要怎样做才能提高孩子的自我管理能力呢？

家长心声

家长A：孩子在学校学习紧张，压力大，回家想放松一下，我们家长能理解，但他沉浸于电视、电脑、手机的世界里，作业潦草应付或者直接丢在脑后。再就是黑白颠倒，晚上熬通宵，白天睡到大中午，到返校的时候又经常丢三落四……怎样做才能提升孩子的自我管理能力呢？

家长B：我家孩子今年刚升高一，头两次大休回家他带回来脏衣服让我们给洗，返校时的生活物品让我们给准备，这让我很无奈而且恼火。后来我就跟他明确表态，除了给他改善一下伙食，其他的事情自己做，有什么后果自己承担，比如校服不洗继续穿、落在家里的东西不给送等。没想到，家长不给做，孩子照样做得不错。原来学会放手，孩子会更好成长。

师说心语

自我管理能力包括时间管理、生活习惯管理、学习能力管理等。父母可以借助一些小工具帮助孩子形成主动规划的意识，把学习、生活、玩耍、家务劳动诸方面安排得井井有条，在一次又一次的自我安排中，提升自我管理能力。下面为您提供两个帮助提高孩子自我管理能力的小工具：

第一个小工具:“随身带”——一个专用的记事本

多数高中生均有“随身带”。双休前,要做有心人,把老师的要求、自己的打算随手记在“随身带”上。

(1) 各科作业及教师的一些要求,如英语老师要求买英语原版名著等。

(2) 班主任布置的班级事务等。

(3) 自己的个性化生活打算:洗澡、洗衣、理发、采购物品、文体活动、走亲访友等。

(4) 和家长沟通的时间,家务劳动安排等。

(5) 电视、电脑、手机等电子产品玩耍的时间等。

返校时,根据大休前的“随身带”进行物品清查。

就像坐火车一样,出门前身份证、手机、水杯等一一清点,确保万无一失。同样的道理,孩子每次返校前,对照大休前的“随身带”进行物品清点,学习用品、生活用品等一一清点,做到一样也不缺失。坚持下来,孩子就能养成自我管理的良好习惯。

第二个小工具:《双休自主安排表》

在回家的路上或刚回到家里,家长和孩子一起制订双休自主安排表。

(1) 家长制订本人双休两天的详细规划。目的是提前告知孩子需要家长和孩子共同去做的事情,如星期日中午回家看爷爷奶奶等。这样就可以引导孩子,主动订好双休自主规划表。

(2) 孩子的双休自主安排表。

① 各科作业内容及完成需要的时间。

② 生活事件(包括生活自理和家务劳动两类)内容及完成需要的时间。

③ 玩耍娱乐(包括体育锻炼、走亲访友、电子产品)需要的时间等等。依次在《双休自主安排表》中规划安排好。

有了比较详细的双休规划安排表,家长和孩子遵照计划执行就行,防止了家长因为焦虑不断催促等现象发生。如,看到孩子在看电视,根据规划表,电视时间是星期五晚上 7:00—8:30,孩子是在按照规划时间看电视,家长就不必着急催促等。接下来,家长就可以根据双休自主安排表,一一检查孩子计划执行情况了。当孩子计划执行质量不高，或因家长外出孩子独自在家管不住自己的情况出现，也不要一味批评指责，而是和孩子一起商量下一次双休改进的措施等。

以上过程暗含了美国著名质量管理专家戴明提出的“PDCA 循环”。这个循环主要包括四个阶段：策划（Plan）、执行（Do）、反思（Check）和处理（Action）。

第一步，P（Plan，策划）。引领孩子，亲子双方各制订好《双休日自主安排表》。

第二步，D(Do，执行)。高效率、高标准的执行力是双休日完成自主规划表的重要一环。

第三步，C(Check，检查)。家长和孩子共同检查计划执行的效果。

第四步，A（Action 处理）。对检查出来的各种问题进行处理，正确地加以肯定、鼓励，总结形成标准的制度。“没有最好只有更好。”查找当前存在的问题，分析产生问题的关键原因，制订下一次双休解决问题的措施。就这样 PDCA 循环，周而复始，双休日自我管理能力不断提升。

上面提到的小工具，仅仅是起到抛砖引玉的作用，还有许多创新的方法和资源等待家长和孩子去发掘和利用。比如，利用在线教育平台和课程，引导孩子学习时间管理、情绪调节、目标设定等自我管理技能；或者加入亲子阅读计划，通过共读自我管理相关的书籍，提高孩子自我管理能力。

37 孩子喜欢追星，怎么办？

困惑打卡

孩子喜欢追星，总是密切关注自己喜欢明星的一举一动，喜欢模仿明星的穿衣风格、举止言行。如果孩子适可而止，家长倒也不是很反对。但高中阶段学业压力较大，盲目追星需要花费很多时间，经济上也是个不小的负担，还会影响到孩子的学习和生活。家长非常着急，也担心有些明星的不当言行会误导孩子正确三观的建立，该怎么办呢？

家长心声

家长 A：女儿从初二就开始喜欢 TFBOYS 团队中的王源，说起王源就一脸兴奋、喜悦的样子；每次王源出新专辑，她总会第一时间聆听；买王源的应援包；对王源的生日、爱好以及成长经历掌握得一清二楚；有时候有的同学说王源的一点不好，她就和人家争论不休，回家和我说起这件事的时候还生气地摔摔打打……说实话我一点也不喜欢王源，觉得他很没有男子汉的气概，但只要我表达这个观点，女儿就和我吵个不停，我也不知道该怎么办了？

家长 B：我孩子也非常喜欢追星，总会眉飞色舞地谈论自己喜欢的明星，经常购买明星的应援包以及代言的物品，一有时间就在网上浏览喜欢的明星的各种信息和报道。还和喜欢同一个明星的同学成立粉丝团，一起聚会商量如何声援自己喜欢的明星。上了高中后，我和孩子认真谈了一次，跟他说高中的学习生活很紧张，如果再把时间和精力花在追星上，肯定会影响学业成绩的。他表示会暂时收收心，以喜欢的明星为榜样全身心投入学习中去，争取通过自己的努力让自己的人生实现一个飞跃。现在孩子还是会喜欢那个明星，但不会做那些过激的行为了，而是把心思放到了学习上，我感到很欣慰。

大部分高中生都有自己喜欢的明星，追星是很多高中生会有的行为。所谓“追星”是指对心目中偶像的羡慕、敬佩、赞美、欣赏的情感而产生的种种崇拜的行为。每个人在青少年时期都会或轻或重地经历这么一个过程，只不过不同的时代和环境，人们崇拜的偶像不同而已。当下高中生喜欢的明星主要是演艺界、体育界的著名人物。

追星本身无可厚非，引导得当还可能成为孩子成长的动力。但有些孩子盲目追星，荒废学业，学习时间去看演唱会；不考虑自己的经济实力，看到与喜欢的明星有关的东西就买；不管对错，明星说的做的都要粉一波……这样的追星对孩子的发展会产生很不好的影响。那么，作为家长，当孩子盲目追星时，该怎么办呢？

1. 了解孩子追星背后的原因

（1）追星是为了获得自我认同感

高中阶段是自我同一性建立的重要时期。高中生正在经历着“自我同一性和角色混乱”的冲突，需要解决“我是谁”“我将成为一个怎样的人”的问题。他们的自我意识不断增强，开始独立思考未来的人生，要完成自我认识、自我探索的过程。他们处于心理断乳期，在心理上刚脱离父母，初步独立，往往会比较迷茫，无所适从，迫切需要一个看得见、摸得着、真实的形象作为一种情感寄托，即“理想自我”。

明星就为高中生的自我成长和自我完善树立了一种榜样。演艺界和体育界的明星是公众人物，高中生很容易找到自己喜欢、欣赏的明星作为自己的“理想自我”。追星的过程，让高中生产生身份认同和价值感。当他们崇拜的明星成功的时候，他们感到就像实现了自己的价值一样的兴奋和骄傲。一位追星的高中生这样说：“要想成功必须凭借自己良好的素质进行顽强的拼搏。靠投机取巧，靠侥幸，即使成功，也会最终走向失败。明星之所以能够在芸芸众生中脱颖而出，占尽风光，必定不是平庸之辈。没有一身本事，绝对放射不出明星之光。”明星们的知名度，伴随成功而来的荣耀与财富，令高中孩子看到了未来理想自我的样子。他们也渴望成为这样的辉煌成功者，期待自己有一天也会像喜欢的明星一样获得自尊感和价值感。很多的孩子，抱着这种寻求理想自我的心态，而成为追星族的一员。

(2) 追星可以满足孩子的情绪发展需要

高中阶段是生理和心理发生巨大变化的时期，情绪波动较大，容易变化迅速，喜怒无常，更倾向于冲动、冒险和追求新的体验。对高中生来说，追星带给他们一些新的视角，激发他们愉悦的情绪体验。因此，他们很容易神化喜欢的明星存在的价值，多少带有几分盲从与狂热，把明星看得无比高大，近乎完人。

(3) 追星可以获得归属感

高中生自我意识增强，他们与父母之间容易产生代沟，更需要找一个志同道合的团体，相互交流思想和看法，彼此接纳。如果高中生的同伴圈子里有很多人都喜欢的明星，那么这个明星就成为他们交流的一个纽带，他们就会一起成为这个明星的"粉丝"。这让他们拥有了更多谈论的话题，感觉有更多和自己有相同感受的同学，感情上也更加亲密，从而获得团体的归属感。

此外，许多选秀节目中的粉丝投票环节，让高中孩子感觉到自己不仅可以远远地欣赏自己的偶像，还可以真实地参与到明星的互动中，这给高中生带来一种自我存在感和归属感。

(4) 追星可以缓解学习压力

高中阶段学习任务加重，考试竞争激烈，课外活动减少，学习压力非常大，难免会产生焦虑、紧张、烦躁等不良情绪。这时，一首明星演唱的歌曲或者一个潇洒的投篮动作，既丰富了他们的生活，又可以让他们宣泄情绪，愉悦身心，放松心情，而且明星身上的闪光点或为了梦想坚持不懈的品质、责任感等也会激励他们，提高学习效率，从而缓解紧张的学习压力。

2. 正确看待孩子追星

高中生的成长过程中不可没有偶像人物，明星是一种榜样力量，会给高中生带来一定的积极影响。他们在追星的过程中，会感受到激励作用和积极的力量，并内化其价值，逐渐明确自己的志向和追求。很多孩子不仅会模仿明星的穿着打扮和行为，也会崇拜明星身上的闪光点，努力学习明星的优秀特质，如为了梦想坚持不懈、不怕辛苦、有责任感等等。他们可能因为某个明星而对某个领域(如音乐、篮球、古典文学等等)产生浓厚兴趣，愿意花更多的时间和精力在这些领域，或许会将其作为终生追求的事业。

大多数高中孩子的追星仅限于收藏几张他喜欢的明星的照片，听听他演唱的歌曲，或偶尔花钱买票听场明星的演唱会。如果仅限于这些，家长可以不必过多干涉和限制。高中生紧张学习之余听听流行歌曲，让生活丰富多彩些，对其健康成长也有积极意义。家长当年追的是“四大天王”，也没有影响今天的工作和生活。如果家长断然反对孩子追星，效果往往会适得其反。高中生有自己的主见，也比较叛逆，最反感家长干涉自己。他们对自己崇拜的明星很看重，如果家长强硬地命令孩子不准追星，他们不仅不会接受，反而容易产生逆反心理，瞒着家长做出一些不理性的行为。因此，家长可以用同理心理解孩子的追星行为，和孩子好好沟通，了解孩子的真实想法，以及孩子追星背后的心理需求。

3. 把崇拜转化为激励

著名的心理学家弗洛姆说：“爱是一门艺术。家长应该因势利导，巧加利用，而不是一味地批评和阻止。”追星实际上是一种榜样认同和学习，高中生往往把明星当作他们人生发展的楷模、参照系以及心灵寄托。面对孩子的追星行为，家长可以运用“疏”而不是“堵”的方法，因势利导，引导孩子从明星身上找到优点进行学习，让明星成为他人生道路上的楷模，将追星的热情转化为奋斗的动力。

家长可以帮助孩子分析明星成功的原因也就是他们的核心竞争力，比如歌唱得好，戏演得逼真，球踢得好，这都是值得学习的。家长可以邀请孩子一起观看有关明星的访谈节目或是了解明星成名背后的故事，让孩子更多地思考成功的决定因素。

4. 陪孩子一起追星

喜欢娱乐是孩子的天性。孩子在紧张的高中学习和生活中，总要有点生活乐趣，总要喜欢、迷恋些什么。如果家长发现孩子追星，不妨自己也陪同孩子一起适当追星。家长可以事先做好充足的准备，对孩子喜欢的明星充分了解，给予肯定。这样，亲子之间交流的时候就有了共同的话题，也会增加亲子之间的感情。比如，那位家长，对女儿喜欢的明星王源多加了解。后来，妈妈主动和女儿交流王源唱的歌曲，担任联合国形象大使时全英文演讲，还到伯克利大学深造……女儿看到妈妈对王源态度的转变，开始感到很惊讶，慢慢觉得妈妈真的喜欢王源，也感受到了妈妈对自己的了解和理解，和妈妈交流王源以及内心的想法和感受，开始接纳妈妈的一些合理化建议。家长对明星发表的评论，对孩子的人生观与价值观的形成，会起到潜移默化的积极影响。

5. 引导孩子理性追星

高中生思维的判断能力还没有成熟，容易人云亦云，随波逐流，盲目追星。如果孩子“追星”追到了如醉如痴、神魂颠倒的地步，影响到学业进步和身心健康发展，这就需要加以正确引导。家长可以跟孩子讲明道理，说明追星只是生活的一小部分，更多的时间应该用于学习和工作，实现自己的远大抱负。同时，家长可以跟孩子交流家庭的经济状况，让孩子知道家庭能够承担的追星花销是多少，避免孩子为了追星无尽地向家长索要，影响了家庭的正常生活。家长可以和孩子分享明星成名背后的故事，共同分析明星身上值得学习的品质，引导孩子将追星的热情转化为奋斗的动力。

6. 帮助孩子崇拜多方面的明星

榜样的力量是无穷的，一个没有英雄主义的社会将是一个沉寂的社会。一个人也许一辈子没有当英雄的机会，但如果少了当英雄的信念和梦想，那人生就很难出彩。家长可以花一些时间和精力带孩子去亲近历史、亲近英雄、亲近生活，让孩子更多地去崇拜科学之星、文化之星、英雄之星、劳动之星等。家长也可以根据自己的经验和别人的建议，向孩子介绍一些形象更加正面、品质更加优秀、专业水平更高的明星作为偶像。

家长可以推荐孩子看到更多优秀的、值得敬佩的人，他们身上的品格和智慧更值得崇拜，从而让孩子扩大视野和眼界，确定人生的发展目标和方向。家长可以根据孩子的兴趣，购买不同类型的优秀书目推荐给孩子阅读。

38 孩子睡眠质量差，怎么办？

困惑打卡

有些高中的孩子总是会因为各种各样的原因睡不好觉。有的是因为住校，换了环境或者不习惯和陌生人住一起而入睡困难；有的是因为学习压力大，一临近考试就会整宿失眠……怎样做才能提高孩子的睡眠质量呢？

家长心声

家长 A：孩子升入高中开始住校，大休回家经常跟我叨叨，说宿舍关灯后总是有同学嘀咕、偷着看书，只要有声响他就心烦，影响睡眠。我担心这样下去影响他的身心健康，打算找他班主任调调宿舍，不知道是否合适？

家长 B：孩子反映每次临近考试前三两天就会失眠。我想可能是与学习紧张、心理压力大有关系，就跟班主任和学校心理老师反映了这个情况，来寻求他们的帮助；还带着他去看医生，开了一点营养神经的药物，现在孩子好长时间没跟我们说失眠这个问题了。

师说心语

睡眠是意识状态的一种，意识是人对内部和外部刺激的觉察和认识，睡眠的质量影响一个人的身心健康。一方面，睡眠具有恢复精力的功能。如果个体一直不停地活动，大脑和肌肉的运动效率就会降低，影响身体细胞的新陈代谢。通过睡眠，人的机体功能才能得到充分的恢复。同时，有研究表明，学习之后立刻睡觉的人，在醒来后对睡前所学的知识的记忆较好。

生活中，很多高中孩子有睡眠问题的困扰，大致可以分为以下几种类型，建议家长参考，并予以引导。

1. 外部环境改变引起的睡眠问题

首先，与孩子所处的学段有关。高三的孩子学业压力较大，考试前后都可能会存在睡眠质量问题。针对这种情况，老师、家长尽量不要和孩子过多讨论与考试有关的事情，营造一个舒适的家庭氛围，有助于缓解孩子心中的焦虑，保持平和宁静的心态，提高孩子的睡眠质量。

其次，住校孩子回到宿舍后，宿舍里同学聊天也是影响孩子睡眠质量的重要原因。针对这种情况，宿舍两休聊天要禁止，一个宿舍的环境需要同学们共同来维护，可以通过宿舍会议的方式达成共识，尽量做到休息铃响即停止聊天，躺下来休息。

2. 辨别内部原因，是否与生理问题和睡眠认知有关

（1）身体原因引起的睡眠问题。有的人过分劳累后，或者是身体处于亚健康时，也容易出现睡眠问题。针对这个问题，建议让孩子保持适度运动。每天保持半个小时到一个小时的适度运动，如坚持一天三时跑操、积极参加各种体育社团的活动等，以使身体的各个部位得以舒展，既能保证身体的健康，又是良好睡眠的基础。但要注意睡觉前的运动要适度，不能进行剧烈的运动。

（2）睡眠认知出了偏差。有的人本来睡着了，但因为过度关注睡眠问题，对自己的睡眠存在疑虑，感觉是睡眠出了问题。针对这种情况，首先要建立起能够正常睡眠的信心。在生活中几乎每个人都会遇到睡眠问题，一两夜的失眠不会对身心健康造成严重的影响，所以不要过分担心和紧张，要相信自己的身体会自然地进行调节，从而尽快适应。其次要调整对睡眠的认知，睡眠时间的长短因人而异，有的青少年学生没有必要一定达到 8 小时睡眠。只要其在起床后，不影响接下来的学习，那就说明睡眠质量是不存在问题的。不过度关注睡眠本身，放松心态，积极自我暗示，如“我的睡眠一直很好”，“我的精力非常充沛”等。

（3）心理问题引发的睡眠障碍。对有些人来说，睡眠质量差或失眠是由暂时性的压力引起，压力消除后，睡眠自然会恢复正常。但如果个体长期存在睡眠质量问题，那么就有可能产生心理健康问题。一方面长期睡眠质量差导致心理问题；另一方面，可能是在暗示个体心理健康存在问题，如存在精神失调、焦虑、抑郁等。

对于由焦虑、抑郁情绪等引起的睡眠问题，可以及时寻求心理老师、家长、同学的帮助（家长 B 的做法值得借鉴）。及时调整自己的心态，学会放松方法，如腹式呼吸法、肌肉放松法等。听音乐，跑步等都是缓解这些负面情绪的有效方法。如果是疾病、心理问题引起的睡眠问题，如因生活压力过大、自身情绪偏激等原因导致的神经衰弱，以及遗传因素、外部环境因素导致的植物神经紊乱，其临床表现为睡眠障碍、紧张性疼痛、头晕等症状。建议可以在医生的指导下，服用药物进行治疗。

3. 改善日常生活中轻度睡眠质量差的方法

基本生活要有规律。避免睡眠质量差的最有效方法，就是个人生活要规律，养成准时休息和准时起床的习惯，创建起自己的生物钟。如果有时候因为特殊情况要晚睡，第二天早晨也要按时起床。

睡觉前要放松心情。睡前半小时不要做费心费力的工作。即使第二天要参加考试也绝不能带着思考中的问题上床。临睡前，可以听一些舒缓的轻音乐，有助于快速进入睡眠状态。

卧室要能保持安静。孩子的卧室需要有一个安静的内外环境，最好能隔音。当然，孩子临睡前半小时，最好整个家庭都能进入一个安静的状态。最后，记住要养成关灯睡觉的习惯。

床的功能要单一化。养成床只供睡眠用的习惯，不在床上看书、打电话、看电视等与睡觉无关的事情。因为在床上进行其他活动时，往往会破坏了自己按时睡觉的习惯。

睡前饮食不能过量。睡觉前如果需要饮食，一定不能过量，否则会影响睡眠的质量。可适量进食如牛奶、面包、饼干之类的食品，这些都有助于睡眠。此外，咖啡、可乐、茶等带有刺激性的饮料对睡眠尤其不利，睡前半小时不能饮用。

切忌长期服用安眠药物。未经大夫允许，千万不要自行服用安眠药。即使第二天大考，一夜两夜的失眠未必会影响考试的成绩。而服用安眠药虽然能使人入睡，但药物的副作用会使人第二天昏昏沉沉，无精打采，影响人的身心健康和发挥。

39 孩子爱攀比，怎么办？

困惑打卡

最近，深圳的一位男孩火出朋友圈，他把平日里零花钱、假期摆摊体验等赚到的钱都攒了下来，在两年的时间里攒下了近万元。在这条新闻评论里，家长们纷纷投来羡慕的眼光，又是一个"别人家的孩子"。然而，我们身边有很多孩子缺乏正确的消费观，生活中爱攀比。不考虑父母的经济能力，花钱大手大脚，甚至个别孩子充卡打游戏，打赏主播等掏空父母的血汗钱，损伤了钱财又伤了心……怎样才能帮助孩子们树立合理的消费观呢？

家长心声

家长 A：现在社会的生活水平越来越好，我们不想让孩子像我们小时候那样过着拮据的生活，因此一直以来都没有在物质条件和经济上委屈过孩子。但是没想到，这也让孩子养成了花钱大手大脚的习惯。前几天，我们发现孩子竟然在电子游戏上前前后后充值上万元，这件事情使我们反思：是否没有给孩子养成正确的消费观与金钱观，使他从不懂得父母赚钱的辛苦，更不明白适度开销的道理。我们担心，这方面教育的缺失会让孩子在以后的生活中陷入困境，更害怕他走上歧途，怎样才能让孩子形成正确的金钱观呢？我们为此而苦恼……

家长 B：在我成长的过程中，我的父母会教育我谨慎节俭，不要乱花钱，适度消费，把钱用在刀刃上。但是我的孩子出生以后，他们对隔辈孩子的态度却发生了一百八十度大转变，对孩子有求必应，常常给孩子塞零花钱，带孩子买各种零食玩具……久而久之，孩子对金钱缺乏真正的认识，丝毫没有节俭之心，习惯性放纵自己花钱。在我们表示反对后，父母还是会偷偷给孩子塞大额红包，我们该怎么办呢?

师说心语

处于高速发展中的中国,人民的生活水平日益提高,孩子们接触社会经济活动的年龄越来越早,个别孩子更是年纪小小便开始接触大额金钱。高中阶段的孩子在消费行为上表现出诸多特点:感性或非理性;追求时尚,力求代表先进、表现时代;崇尚自由,追求个性,彰显自我;喜欢寻找感觉,注重感受而又易冲动。在以前看来,也许在高中阶段对孩子进行消费观教育和金钱观教育还太早,但是在今天看来,已然太迟了。

让我们一起来分析一下孩子消费行为背后的成因。

高中生"同一性"的发展需要。孩子进入高中阶段,"我是谁""我将来的发展方向""我如何适应社会"等问题是他们在成长过程中要追问的重要问题,而大众传媒引领商品的流行趋势正好迎合了很多孩子的这一心理需求,开始借助"品牌"消费作为"高品位"的象征,来获得身份认同和自我认知。

满足内心归属与爱的需要、自尊的需要。根据马斯洛的需要层次理论,按需要的强弱先后出现的需要为:生理需要、安全需要、归属与爱的需要、自尊的需要、自我实现的需要。在社会高度发达的今天,生理需要和安全需要作为低级需要,一般情况下都能得到满足,于是人们产生了高级需要。青少年力图在消费时保持某种"相似"以成为他们想融入的小团体的一员,从而满足归属和爱的需要。除此之外,高中孩子还有强烈的自尊需要,自己的穿着或者用品等是名牌东西或者娱乐时出手大方而得到的一个羡慕的眼神、一句羡慕的惊叹,在孩子眼中就是他们得到了尊重,而每次发生的"被羡慕"现象又强化了上述不良消费行为的出现。

社会文化和社会流行。高中孩子极易受当下社会文化和社会流行的影响。求新、自我表现和从众心理会驱使孩子们以他们崇拜的明星偶像、优秀运动员等作为参照,而偶像明星等人又是流行和时尚的引领者。

家庭因素的影响。一是家庭中物质过分满足纵容的结果。当前各个家庭条件比之前明显好转,全家从饮食、作息到娱乐,活动项目无一不是按照孩子的时间和需求来定的，无形之中逐渐确立了孩子居核心的家庭地位，这不知不觉便使孩子养成了不考虑价格、不考虑父母承受能力、想买就买的习惯。二是部分父母的不恰当示范。孩子是父母的镜子，这个道理同样适用于消费习惯这一方面。如果父母自己的消费习惯是缺乏节制的，那么孩子的消费习惯也很可能是毫无节制的。如果父母的消费习惯是理性适度的，那么孩子们也很难形成不良的消费习惯。

对此，我们提出以下几点建议，供家长们参考。

1. 引导孩子厘清“我是谁”的问题

高中孩子的消费比成人更注重商品本身带来的心理需求的满足，如果仅从商品的价格和使用价值去跟他们谈消费的合理性问题，实际上并没有从根本上理解他们的实际消费心理需求。

可以从社会的角色入手，帮孩子厘清“我是谁”的问题。首先，“我”是一个学生。家长要强化孩子对“学生”身份的认同，明确其作为一个学生的责任和使命。其次，“我”还是家庭的成员，是尚处于父母监护之下的孩子。家长要让孩子认识到，在其尚没有真正通过劳动为社会、为家庭创造财富之前，他们的衣食住行和接受教育都还要靠家庭和国家承担。因此当前阶段的消费行为必须考虑自身的家庭经济条件，在此基础上进行合适的消费。

2. 帮助孩子加深对金钱的理解

首先，家长可以带孩子去体验自己的工作环境，既切身参与社会劳动，又体会到父母工作的不易，从而增强同理心。其次，通过适当的方式跟孩子分享家庭收支情况，让孩子参与到算账的过程中，培养孩子的财务意识。再次，如果条件允许的话，家长可以创造机会让孩子利用寒暑假到贫困地区开展社会调查、参加校内外各种勤工助学活动等，使他们体会贫困家庭生活的艰辛，养成良好的消费习惯与健康的消费心理。最后，去商场购物时陪孩子一起挑选性价比高的商品，结账时使用现金交易。

3. 父母在孩子面前做好榜样

父母是孩子的第一责任老师，在培养孩子消费观上不容忽视，如果家长的消费习惯比较随意，比如购物时不考虑消费品的实用价值，或者大量闲置与囤积，或者轻易浪费。孩子会耳濡目染地形成铺张浪费、盲目消费的习惯。所以作为家长，要以身作则，让孩子在面对物质世界时能够做出正确的判断，不迷失在冲动消费之中。

40 孩子过于依赖父母，怎么办？

困惑打卡

升入高中前，为了让孩子没有后顾之忧，全身心投入学习之中，很多家长替孩子打理一切。升入高中后，孩子整天喊着想家，有事没事就给父母打电话。无法正常打理自己的生活日常，不能自主安排自己的学习，也很难和同学相处，无法正常交往，遇事就退缩。每次离家返校时总会情绪低落，而且这种情绪会持续很多天，严重影响到孩子的学习和生活。让家长时刻陪着又不现实，真不知道怎么办好。

家长心声

家长 A：孩子在学校里表现非常害羞、内向，不会主动与同学交往。学习中遇到问题，也不懂得如何求助，成绩越来越差。说在学校里不开心，总是盼望着能早点回家。因为在家中什么都不用自己去思考、去选择。我们意识到我们的教育出了问题，导致孩子自己没有能力应对生活、学习上的问题，该怎么做才能让孩子不过于依赖呢？

学生 B：孩子在学校里一遇到困难就想请假回家，希望我们家长帮着做决定、做选择。我和她爸爸觉察到是以前太过于保护孩子，孩子不管有什么事情，我们会不由自主地替她拿主意、做决定，导致她对我们产生了很重的依赖心理。我跟她爸爸商量，以后孩子再问我们事情，我们先反过来问问孩子的想法，然后帮她补充，最终让孩子做决定。这样做了一段时间以后，我们感到孩子对待生活和学习的热情高涨了很多，已经很长时间不无故请假回家了，看到孩子的变化我们很欣慰。

正常情况下，高中阶段的孩子身体迅速发育，自我意识明显增强，独立思考和处理事务的能力增强，在心理和行为上表现出强烈的自主性，迫切希望从父母的束缚中解放出来。但有相当一部分孩子依赖心理严重，他们有着相似的表现：不敢独自在家，基本生活能力缺失，遇到困难不知也不会自己去解决，总想着家人的帮助，依赖行为很严重。一是任务上的依赖。就是说当孩子遇到一些事情、一些困惑的时候，首先想到的是我不会，我解决不了，不会充分利用自己现有的资源，自己想办法去解决问题。或置之不理，或听之任之，总想着让他人“代劳”；二是情感上的依赖。相比任务上的依赖，孩子所表现出的更多的是情感上的依赖。他的感受是由别人对自己的态度所决定的，如果别人向自己示好，他们就会高兴；反之，就会失望、沮丧。对于孩子情感上的依赖，做父母的往往不很在意，甚至觉得孩子在撒娇，还感觉有些可爱，往往不由自主地代替孩子做这做那。其实，对父母依赖性强的孩子，一方面渴望独立，一方面又因为缺乏独立能力不得不依赖父母，内心世界经历着冲突。如果家长不了解孩子的内心需求，一如既往地包办代替，对孩子的发展非常不利。那如何才能让孩子重建信心、摆脱事事依赖父母的习惯呢？

1. 改变教育方式，学会放手

父母溺爱孩子，凡事包办代替，孩子在过分关怀的环境里长大。有的家长甚至告诉孩子“只要专心学习，什么事都可以不管”，剥夺了孩子长大和自立的机会。首先，孩子缺少接触生活和感性认识生活的机会，生活经验积累不足，生活中会表现出较强的依赖性，凡事依赖父母；其次，孩子学习时非常不爱动笔，表现出来懒惰行为；还有就是在学习课本知识时无法与生活经验对接，造成理解困难，产生消极情绪。消极情绪下出现逃避学习的行为，长此以往形成恶性循环。所以父母要学会放手，把更多选择的机会和权利还给孩子，孩子才能激发生命的活力。家长 B 的做法已经证明只有当孩子成为生活的主宰者时，才会更好发展。

2. 培养自主意识

高中生自主意识强，想法和行为都发生了巨大的变化。家长要把自主权逐渐交给孩子，给孩子留有一定的空间，不要干涉太多，让孩子自己做主。遇到问题的时候，让孩子独立思考，做出属于自己的选择和判断。家长可以提供合理化建议，不过多干涉，允许孩子试错。这样，孩子不会把父母的看法和评价当成行动的风向标，失去独立思考和判断能力。例如，可以让孩子参与家庭大大小小事务的决策，一家人互相商量、探讨，让孩子明确自己在家庭中的位置。这样既可以增加亲子沟通交流的机会，了解孩子真实的想法，又可以培养孩子的家庭责任意识。

3. 树立独立的信心

有心理依赖的孩子往往缺乏自信，家长要给予孩子更多的鼓励和支持，让孩子参与生活，在生活中锻炼自己，增强自信。

（1）鼓励孩子走出熟悉的环境，尝试曾经不敢做的事。比如，主动和同学交往，扩大社交圈子；独自规划旅游路线，选择出游方式，确认携带物品，拟定出游注意事项等；设定“自主日”，这一日不管发生什么事，都不依赖父母，而是自主决定……尝试的次数多了，孩子就会发现事情远远没有想象中的那么难。

（2）支持孩子做自己擅长的事。在成功的经验中，孩子相信自己可以去完成这件事，自己有能力完成这件事，从而提高自我效能感，增强独立的自信心。

4. 培养独立的生活能力

（1）在学校中，鼓励孩子担任班级工作，多参加集体活动，学会帮助他人。在承担工作和帮助他人的过程中，独立地做决定，想办法，解决问题。进入中学，同伴关系取代了亲子关系，同伴的榜样作用可以激发孩子的独立意识。要鼓励孩子多与独立性较强的同学学习，观察他们如何处理自己的问题。

（2）在家里，让孩子多动手，多做家务劳动，如清洁打扫、整理收纳、做饭、采购生活用品等。孩子在劳动的过程中，接触生活，感性认识生活，并积累丰富的生活经验。一方面培养孩子的生活自理能力、主动承担责任的能力、合理规划和安排事务的能力。另一方面，感性认识是学习抽象知识的基础，生活经验可以与学到的抽象知识对接，帮助孩子更好地理解知识，增加学习兴趣，减轻学习难度。

亲子关系篇

41. 孩子不愿意与家长主动交流，怎么办？

42. 孩子排斥二胎弟妹，怎么办？

43. 孩子沉迷游戏很少与家长交流，怎么办？

44. 与孩子不能正常交流学习问题，怎么办？

45. 孩子与家长说话总是不耐烦，怎么办？

41 孩子不愿意与家长主动交流，怎么办？

困惑打卡

孩子已经十多天不主动跟家长说话了。每天一到家，就躲进自己房间。到饭点了，才戴着耳机从房间出来。吃饭时，也是只顾埋头吃饭，不和家长交流。更过分的是，孩子在房间的门上，还贴上了“请勿打扰，有事敲门”的字条。面对家长主动的嘘寒问暖，孩子经常敷衍应对，无动于衷。面对孩子这种不愿意甚至是拒绝与家长主动交流的冷漠行为和冷淡反应，家长感觉很伤心，也很无助。

家长心声

家长 A：进入高中后，孩子变得更加忙碌，每次回家他都是到自己房间写作业。因为家里有老二，为了防止打扰学习，他总是把房门关得紧紧的。每次我到他房间，也看不懂他做的题，想跟他聊几句，又不知道该说什么，他也不主动和我聊，所以干脆就不聊了。但这总是个问题，不知道如何破局……

家长 B：孩子没上高中前，我一直认为等孩子上了高中，他就懂事了，能主动学习。可是，打孩子上高中后，我发现他玩心还是很重，总想着玩手机、看电视、周末出去吃大餐，甚至向我们提出寒假带他去外省旅行的要求。有时我忍不住说他几句“就知道玩不知道学习”，他就很不高兴。现在，孩子很少向我提要求了，也不愿意和我说话交流了。感觉孩子跟我的关系越来越疏远了。

师说心语

很多高中家长都有这样的体会，觉得孩子越大越不愿意和自己说话，不愿意和自己交流分享他们的困惑和想法。即使家长放低姿态想跟孩子好好说说话，好好交流，却总是惹孩子厌烦，最终不欢而散。感觉孩子和自己的关系越来越疏远了。其实造成这种情况的主要原因不在孩子而在家长。要想破局，要想改变这样的现状，家长可以怎样做呢？

1. 改变不当的回应方式，保护孩子的交流欲望

当孩子与家长说话、交流时，家长的某些言行会直接挫伤孩子的交流欲望。有调查结果显示，家长以下面的三种言行来回应孩子的交流，是孩子最不喜欢甚至是最反感的，也是导致孩子不愿意与家长说话、交流的最主要原因。作为家长，如果与孩子之间已经出现了这样的困扰，可以对照着下面的行为表现反思自己在回应孩子的交流时是否也有过类似言行。

避免唠叨。家长唠叨的目的是说服孩子，让孩子按照自己说的去做。如果孩子主动与家长交流分享换来的是家长没完没了地唠叨，那么有哪个孩子还愿意主动与家长说话交流呢？因此这种回应方式不但不能说服孩子，反而会引起他们的反感，不再愿意与家长交流了。

避免打击。随着自我意识的增强，孩子的头脑中经常会产生很多独特的想法和对未来的美好向往。当孩子兴致勃勃把这些独特想法和美好向往告诉家长，希望得到家长鼓励和支持时，有些家长却不认同孩子的想法和向往，反而指责孩子想法太幼稚，好高骛远、想入非非。这样的回应方式不单伤害了孩子的自尊心和自信心，还会使他们产生强烈的消极情绪。

避免心不在焉。生活中最常见的两种情况。一种情况，就是当孩子兴高采烈地向家长讲述学校里发生的事情时，或者和家长讨论一个感兴趣的问题时，有些家长根本“get”不到孩子的兴奋点，认为这是孩子自己的事情，与自己没什么关系，于是就表现得心不在焉，不发表意见或轻描淡写地说一些无关主题的话。还有一种情况，就是有些时候孩子主动与家长交流是希望得到家长的帮助和关心，减轻内心的压力。但有些家长根本“get”不到孩子的求助，并没有将孩子的话放在心上，也没有花时间安慰孩子。当孩子多次的主动交流都无法得到来自家长正确的情绪反馈，久而久之，他们就不愿意再与家长交流了。孩子是很敏感的，他能够感受到家长的冷淡和不在意。于是，他以后将不会再和家长交流、分享这些话题了，并且他也不会再愿意向家长倾诉和交流其他事情。因此，家长应该怀有同理心，与孩子一起共同感受并理解孩子的心情。

2. 控制好自己的情绪，敢于向孩子承认错误

有些家长会因为工作压力大，跟他人发生矛盾等原因导致自身处于消极情绪。如果此时孩子刚好想与家长交流自己的困惑，那么家长很容易就会迁怒孩子，将自己的负面情绪发泄到孩子身上。

面对家长如此的对待，外向的孩子可能直接就与家长发生了矛盾冲突，内向的孩子则可能在委屈无助中不会再轻易地与家长交流了。

因此当孩子主动与家长交流，尤其是向家长倾诉自己的情绪压力时，作为家长必须适当地控制好自己的情绪，并向孩子传递支持的信号。家长积极的情绪和支持的态度会给孩子带来温暖，使他们有勇气面向未来的挑战。当然，孩子也会更愿意与家长交流心声，倾诉内心的想法。

如果生活中确实出现因家长的情绪控制不好导致与孩子的交流出现问题，那么最好的解决办法就是主动向孩子承认错误。

家长要向孩子诚恳地道歉，说说自己发脾气的原因，跟孩子倾诉一下自己的烦恼。比如跟孩子说："每次来例假前我就忍不住发脾气，昨天晚上就没忍住，不好意思啊"，"最近工作任务比较多，我的压力比较大，没控制好自己的情绪，对不起"等等。只要家长真心承认错误，勇敢地向孩子道歉，孩子在理解家长的同时都会选择原谅。同时，家长也可以主动听听孩子愤怒、委屈情绪背后的原因。同一个问题的深度交流，亲子之间就会减少矛盾，孩子的心扉自然就会向家长敞开了。

孩子其实是很乐意看到家长有自己的生活和爱好，因此家长可以保留自己的一两个小爱好，不将所有心思都放在孩子身上。这样，家长身上会散发出一种积极、快乐、美好的情绪，更能吸引孩子愿意与家长畅所欲言。

3. 学会倾听与尊重，做孩子的知心朋友

在与孩子对话交流时，倾听与尊重是十分重要的。家长应该将孩子视为自己的朋友，平等对待并尊重他们。在与孩子交谈时，要耐心倾听，无条件接纳与尊重，不要强迫孩子做选择，做不喜欢的事情。

家长要舍得花费时间去了解孩子，当孩子遇到问题时，陪伴孩子，让孩子感受到你的支持；当孩子需要你的帮助时，尝试去理解孩子，根据孩子的情况帮助孩子。跟孩子交流的时候保持平等的地位，避免用命令式的口吻"你不要……

你必须……”，可以尝试着说“……你来决定……可以吗？”

另外，作为高中孩子的家长，如果常常以高高在上的姿态对待孩子，以家长的身份来说话和处理事情，那么孩子就会对家长关闭心灵之门，不再与家长分享内心世界；如果能够与孩子建立友好的朋友关系，成为孩子的知心朋友，就能在日常生活中与孩子交谈、倾诉心事。这样，两代人之间的距离就会缩短，感情会更深厚，家长与孩子将成为无话不谈的朋友。

42 孩子排斥二胎弟妹，怎么办？

困惑打卡

放开二孩后，很多家庭时隔多年又一次迎来了新生命的诞生。因为两个孩子的年龄相差较大，被独宠了多年的老大能否接受这个突然降临的二胎弟妹，是很多家长都很关注的问题。有些家庭的老大对二胎弟妹的到来很是惊喜，甚至比父母更爱弟妹。但更多家庭的老大则非常排斥二胎弟妹，玩玩具争，吃东西抢，看电视闹……似乎什么事情都要争一争，连爸爸妈妈的怀抱都要争上半天。怎样做才能让两个孩子和谐相处呢？

家长心声

家长 A：朋友家两姐妹相差 6 岁，两个孩子相处得特别好。姐姐不管去哪里都要带上妹妹，而妹妹晚上宁肯得罪爸妈也要跟着姐姐睡。对于高龄育儿的爸妈来说，姐姐帮忙分担了太多，一家人和睦相处，其乐融融。我们家恰恰相反，大女儿 16 岁上高二，小女儿 4 岁，让人伤心的是大女儿完全不理小女儿。我该怎么做才能让姐妹俩亲近起来呢？

家长 B：在我们家，无论什么事总是二宝优先。二宝霸占了电视、电脑以及其他各种电子产品。每每姐妹俩冲突，她的必杀技就是用无辜的满含委屈泪水的大眼睛看着我们，噘着嘴嗲嗲地说：姐姐欺负我。于是，我们的心就软了，又一次说姐姐哪不对，要求姐姐让着妹妹。这时候的姐姐则会哭着说我们偏心，不爱她了，还找机会偷偷地打妹妹。看着姐姐哭，我也很心疼，但真的不知道该让大宝让二宝，还是让二宝让大宝。怎么做才能让她们觉得父母对他们的爱是一样的呢？

随着二胎时代的到来，不少父母为了弥补独生子女的缺憾而生了二宝。多数父母会认为要不要二宝是大人的事情，与大宝没多大关系。现实却是有了二宝之后，许多大宝的内心是崩溃和焦虑的，觉得自己痛失了父母的宠爱，在家庭中的地位岌岌可危。“孩子排斥二胎弟妹”表面看起来是大宝的问题，其实际根源却在父母身上。若父母再偏爱二宝，大宝就会更加委屈失落，甚至愤怒，进而把这些情绪发泄给二宝，对二宝产生一种排斥、嫉妒的心理。父母该如何平衡老大与老二的关系呢？

1. 觉察和接纳大宝的情绪

在一段时间内，大宝作为家中的第一个孩子和唯一的孩子，他的处境独特而令人羡慕。通常，父母在大宝出生时都非常开心，投入大量的时间和精力在这个刚出生的孩子身上，大宝能得到父母及时的没有任何分割的注意。直到二宝出生之前，他都是快乐而有安全感的。二宝的出生，让大宝不再是父母注意的焦点，不再获得持续的爱与关怀。他的特权似乎被“废黜”了，必须忍耐等待的愤怒，直到二宝的需求被满足才会有人关注到他。对大宝来说，人生中的第一次重要的“伤害”是从有了二宝开始的。

有一个幼儿园小朋友画了“我的一家人”：爸爸妈妈和弟弟在一个爱心里面，自己则在爱心的外面哭泣，还有一颗破碎的心。没有只言片语。我们可以从中体会到弟弟的出现，让她很受伤。面对这种突然的替代，大宝不由自主地想去抗争，他会努力抓取之前作为独子时所享有的特权。有的大宝会变得很乖，很会照顾自己，其实他是在用讨好的方式换取父母的关注；还有的大宝会变得格外“淘”，情绪暴躁敏感脆弱，行为出格或者异常黏人，甚至出现退行行为，用“不乖”的方式来唤起父母的关注和爱。

心理学上有个词叫“同胞竞争”。大宝在父母生育二宝后都会有一定的失落感、嫉妒感以及排斥感，甚至还会有一些明显的敌意情绪和举动。例如：经常哭闹；觉得自己被冷落或者遗弃；发怒、不讲道理；呵斥弟弟妹妹；趁父母不在的时候欺负或者掐打弟弟妹妹等。“同胞竞争”属于正常现象，无须过度紧张，但也不要完全无视，关键在于做好对大宝的情绪安抚与心理引导。对于弟弟妹妹的出现，绝大多数的孩子会自我调整和适应，随着年龄的增长，这种“敌意”逐渐减少，取而代之的是同胞间的亲密感情。在这个过程中，需要父母妥善平衡对两个孩子的爱和关注，父母要能看到大宝的委屈，向孩子承认自己对他的忽略，引导大宝意识到二宝的到来不是一个“夺走”爸妈关爱的人，而是多了一个玩伴和小跟班，来增加大宝对新成员的认同感，让大宝的心路重整出发。

2. 在二宝面前树立大宝的形象

二宝的到来给家庭带来了许多挑战，不仅打破了原有的三口之家的平衡，而且会对所有原来的关系产生扰动，并且需要建立起全新的、更为复杂的亲密关系、亲子关系（包括母亲和两孩的关系、父亲和两孩之间的关系、父母和两个孩子的关系）、孩子间的关系。对二宝而言，大宝是他的模仿榜样也是他的竞争对手。父母在参与两个孩子的关系时，最常见的做法是：对大宝的要求提高了，要求大宝要让着二宝。这会委屈了大宝又娇惯了二宝，疏离了两个孩子之间的关系，大宝会疏远二宝，或者把内心的愤怒发泄到二宝身上。所以，智慧的父母不会在二宝面前说大宝的不好，反而会在二宝面前树立大宝的威信，大宝被夸了就会努力做好榜样，二宝心里也会崇拜大宝，依赖和信任大宝，大宝自然而然就会有了陪伴二宝的责任感。

父母公平地对待两孩儿，不因二宝的到来而忽略了大宝，不因二宝年龄小而无条件地娇惯，便不会产生俩宝争宠的“同胞竞争”局面，反而是温暖的兄友弟恭姐妹和睦。他们会在合作中一起成长，大宝二宝在一起游戏、做家务等活动中，学习如何听取对方的意见，尝试了解彼此的需求，认可对方的想法，并且在自己的需求与对方的需求之间找到平衡点。他们会在竞争中一起成长，在一次次比较中，他们有了参与意识，挖掘自己的潜能，也体验了成败，学会了赢得起也输得起，拿得起也放得下。他们会在冲突中一起成长，在一轮轮争吵中，他们会教会彼此如何谈判又如何妥协，以及如何在做决定时考虑对方的感受，双方都在解决冲突时来承担自己的责任。因此，无论是合作、竞争、还是冲突，大宝和二宝都是彼此成长的重要资源，关键在于父母能否选择不站队、不拉拢、不钳制，公平地对待大宝和二宝。

3. 引导孩子学会付出和感恩

分享一个妈妈分苹果的小故事：一天妈妈买了大小不同的红苹果，三个孩子都争着要大的，妈妈拿起那个最大的苹果，对孩子们说："看，这个苹果最大最红的最好吃，你们都想得到它，对吧？不过，要想得到它也不是那么容易的事，现在让我们来个比赛。我们把门前的草坪分成三块，你们三人一人一块，负责修剪好，谁干得最快最好，这个最大的苹果就属于谁！"三个孩子开始割草比赛，最终赢了比赛的那个孩子得到了最大最红的苹果。通过这件事，妈妈让孩子们明白想要得到什么必须为此付出努力和代价，不能不劳而获。

所以无论对大宝还是小宝，都不要用"孔融让梨"的行为来绑架孩子，强迫孩子谦让，孩子可能会为了得到自己想要的东西，压抑或伪装自己内心真实的想法，这对孩子的心理成长反而是不利的。如果引导孩子学会用付出换取结果，这样孩子们之间的相处就会变得更容易。看到他人的付出并能理解有因才有果，当别人对自己好时，他们心里才会想着如何回馈对方。相比起单方面索取的亲情，这样的亲情才能持久延续下去。

总之，不管大宝多大，做父母的在对待两个孩子时，应该尽可能关注到每个孩子。尤其是大宝表现出讨好或叛逆行为时，父母应该更加关注大宝的情绪，满足其心理需求，只有当大宝得到足够的爱和安全感时，他才会内心有爱并把爱传递出去，去爱他的弟弟或妹妹。

43 孩子沉迷游戏很少与家长交流，怎么办？

困惑打卡

孩子沉迷网络游戏，整天沉浸在自己的世界里，好像变了一个人。原本活泼可爱的孩子现在变得很沉默，经常坐着发呆，经常好几天也说一句话。父母主动跟他交流时，也是一副爱答不理的样子，说得多了干脆就躲到房间里，劝他、骂他都无济于事。该怎么办呢？

家长心声

家长 A：儿子今年 17 岁，周末和节假日一回到家里就会熬夜打游戏，通宵达旦日夜颠倒。我觉得玩游戏会影响身体健康，耽误学习，让他节制一下。他说打游戏能交朋友、能挣钱，认为我不理解他。于是经常躲着我，不跟我说话，后来干脆把自己反锁在房间里玩游戏。这个情况下我该怎么办？

家长 B：孩子非常喜欢玩电脑游戏，每天霸着电脑不放手。为了不让游戏过度分散孩子的精力，影响孩子学习，我和孩子约定：每个周末可以尽情玩 2 个小时。但通常是时间到了，如果我不去催促，他很少主动离开电脑。我觉得自己已经很尊重和理解孩子了，但孩子还是说留给他玩游戏的时间太少，说我只关心学习，不顾及他的感受。每次孩子玩游戏，我就会生闷气，感到压抑、焦虑和迷茫，不知道如何处理才好？

师说心语

教育孩子的时候，许多家长总是喜欢给孩子讲各种各样的大道理。孩子小的时候是很愿意和父母沟通的，谈谈自己的理想，谈谈心愿，谈谈自己的乐趣或者生活中发生的小事。可如果孩子跟父母交流时，迎面而来的是父母的说教，小的时候可能听不懂，长大后听得太多就会变得腻烦、麻木。尤其是他的情绪和想法不被理解、被打击、被否定，甚至会被出卖。随着一次又一次失败的沟通，时间久了孩子就会放弃沟通，甚至封闭自己。而游戏恰恰相反，能带给孩子实时的体验，打得好就有奖励，能得到队友及时的呼应和认可，孩子通过玩游戏宣泄了自己的情绪，也满足了被肯定的内心需求。

1. 放下掌控，看到孩子的心理需求

马斯洛需要层次理论把人的需求按照由低到高的层次排列，依次分成生理需求、安全需求、爱和归属感、尊重和自我实现五类。对今天的孩子们而言，和物质相关联的生理需求和安全需求被过度满足，他们开始关注心理的归属感、尊重和自我实现的需求，希望得到成人对自己能力和成就的承认，希望在各种不同情境中有实力、能胜任、能独立自主，希望有地位、有威信，受到别人的尊重、信赖和高度评价。

如果孩子的这些心理需要，在现实生活中很难得到，他就会去游戏世界里寻找。比如，孩子在游戏过程中暂时远离了日常生活中的压力和焦虑，可以放松身心，全然投入；通过闯关完成任务，不断挑战不断升级，孩子可以获得成就感和满足感，提升了自我价值感，拥有自信和自尊；通过游戏结交新朋友，与其他玩家交流和互动、组建团队，增强了与他人的连接，收获了友谊；游戏的开放性还能激发孩子的创造和想象，不断地探索新的创意和玩法等等。因此，基于游戏能让孩子得到诸多的好感觉，当孩子喜欢玩游戏不愿与我们沟通时，我们不仅要反思，我们的沟通带给了孩子什么样的感受？孩子的内心需求在现实生活中能够得到满足吗？我们自认为对孩子最好的爱是不想让他受伤、不想他走弯路，于是替他想、帮他做，但对于孩子来说又何尝不是一种束缚与强迫，令人窒息的控制与绑架。因此，和孩子说话前，需要父母先放下掌控，尝试着去了解孩子的内心世界和心理需求，当孩子体验到被理解和被接纳时，树立在亲子之间的沟通屏障才有可能消融。

2. 学会同流，家长转变对游戏的看法

家长要教育孩子，就必须站在孩子的位置，保持和孩子一样的高度，和孩子一起去面对和经历。因此，家长要转变对游戏的看法。孩子喜欢玩游戏，家长却对他感兴趣的东西表现出反感，还一直强调玩游戏的弊端，孩子一定会产生厌烦情绪。孩子对家长的教育产生排斥时，虚拟的游戏世界就更成了他逃避现实的地方，所以和家长沟通不良的孩子更容易沉迷于游戏。

家长可以尝试着站在孩子的视角思考问题，和孩子聊他感兴趣的话题，聊一聊游戏。比如：孩子喜欢玩英雄联盟，就可以一起聊聊游戏中的角色、段位和攻略，倾听孩子的感受和想法等。所谓"同流"即关注孩子关注的，喜欢孩子喜欢的。只有共情，才能同频；只有同频，才能交流；只有交流，才会交心。给孩子陪伴，陪孩子一起思考、一起成长，同时给到孩子方向，这样，交流障碍才不会发生。因此"同流"是家长和孩子有一个开始交流的关键。

3. 学会引流，给予孩子更多的视角和选择

教育如同治水，如果用堵的方式，水只会越涨越高。教育不要做堤坝，费力不讨好，教育只需做水道，做好方向性的引导，水会自己流动，流向目的地。因此，"引流"才是正确的教育之道。刚开始的时候，家长们不要急于求成。尤其对于沉迷游戏的孩子，不适宜短期内强制性让孩子停止游戏。可以先从时间上慢慢控制，每天减少一点时间；接着再从行为上调整，比如让孩子按时睡觉等等，如此循序渐进逐步过渡。

和孩子建立了良好的沟通和信任关系之后，可以帮助孩子寻找游戏的"替代品"，比如挖掘孩子游戏之外的兴趣爱好，让孩子去学习一门乐器、参加某项运动等等。当孩子有了游戏的"替代品"，把时间和精力放在了自己的兴趣爱好上，就不会一心扑在游戏上了。逐渐让孩子懂得这个世界上除了游戏还有很多好玩的，你还可以玩点别的。当找到更多自己喜欢的活动，时间被其他爱好排满，并且体验到由此带来的幸福感和价值感时，孩子内心会有一个质的变化。这个世界很大、很美好，有那么多让我欢喜的事物，有那么多想要去做的事情、我的时间完全不够用了……在这个过程中孩子即使可能还会玩游戏，他对游戏的热情也会慢慢淡下来。

沉迷于游戏的孩子很难通过自己的努力走出来，父母要看到和满足孩子的内心需求，遵循先同流再引流的原则，先跟着孩子的方向走，再给予他更多的选择，然后把他带到我们的方向来，陪伴和引导孩子一步步走出游戏的世界，回归真实的现实生活。

44 与孩子不能正常交流学习问题，怎么办？

困惑打卡

孩子的学习是每个父母的一块心病，期待孩子有个好的成绩是再正常不过的事。但是在成长的过程中，因为各种原因造成的学习困难，大多数孩子都会产生或多或少的厌学情绪。只要和孩子谈到学习，他就是一副不耐烦的样子。说多了就跟我们抗议："你们和我除了谈学习，再没有别的话题了吗？"我实在不知道该怎样跟孩子谈学习，才能让孩子爱上学习呢？

家长心声

家长 A：学习好才是硬道理。我一直认为，只有重视孩子学习的家长才是好家长。上高中的儿子却对我说："不要和我谈学习，你谈学习，我该不学还是不学，反而闹得都不愉快。你不谈学习，至少还能保证家庭和谐。"我内心很矛盾，想和孩子谈学习又不敢谈。怎样和孩子谈学习才不会让孩子反感呢？

学生 B：真的是"不谈学习母慈子孝，一谈学习鸡飞狗跳"。只要和儿子谈到学习，他就一副不耐烦的样子，磨磨蹭蹭，拖拖拉拉。逼急了就会抗议："你们和我除了学习，再没有别的话题了！"我发现，越是经常和孩子谈学习，孩子的成绩越不理想。孩子成绩越不理想，我越是喜欢唠叨孩子的学习，这似乎是一个恶性循环。现在我很困惑：和孩子聊学习要注意哪些问题，能不能经常和孩子谈学习？

师说心语

对家长而言，孩子身上最容易被看到的就是"学习"。家长很容易只盯着孩子的学习，而忽视了其他部分。其实家长本身都是爱孩子的，但这种爱又很容易变成一种高标准高期待，认为只有孩子学习好了，自己才可以心安，但又对孩子的现状认知不清，甚至是拒绝接纳。如果家长自身价值感、成就感偏低，很容易将自己未被满足的需求寄托到孩子身上。一旦孩子的学习状况没有达到预期，只会让自己觉得更加挫败，这才是导致我们家长产生情绪的深层原因。只有认知到这些更深层的部分，才能避免在现实中不再循环上演“一谈学习就鸡飞狗跳”的情况。

1. 亲子关系大于教育

好的亲子关系，是好的教育的前提和基础。有好的亲子关系做基础，教育就是水到渠成的事。我们常说教育是生命影响生命，可影响力哪里来呢？没有接纳、尊重和理解，就没有生命的连接；没有生命的连接，就无法构建稳固的关系；没有好的亲子关系，就没有影响力；没有影响力，就没有教育。孩子不会向自己讨厌的人学习，而只会被自己尊敬、信赖的人唤醒、影响和熏陶，通过模仿、追随来吸收、内化，最终实现自我成长。可以回想一下自己的学生生涯，我们喜欢某一学科，很多时候是因为喜欢教那一学科的老师。

通过心理学的分析我们应该明白，无论是谁，无论这个人和自己有多么亲密，他都具备人性的弱点，都会因为外界的评判生发出相应的心理感受，进而会把这种感受反馈给你。一些家长和孩子说话时，张口闭口都是学习，三句话不离作业和成绩，似乎不谈学习和孩子就没话说。更有甚者，有的家长对学习方法研究比较到位，随时随地和孩子滔滔不绝地谈如何高效学习。一旦孩子在学习上出了问题，家长更是火眼金睛，马上会指责孩子哪里做得不好，哪个地方做得不对，唯恐孩子走偏了方向。其实，这样的做法很可能会被孩子反感。在家庭教育中，家长要始终记住一个原则——关系大于教育。家长和孩子讲道理，讲得再透彻，再明白，孩子心理上对你有抵触，他就听不进去，情绪上先把你屏蔽了，你的道理就渗透不进去。

2. 把握亲子关系的界限感

在心理学意义上，界限感是指在人际关系中，懂得自己与其他人或物都是独立存在的个体，厘清自己和他人的责任权力范围，既保护自己的个人空间不受侵犯，也不去侵犯他人的个人空间。简单来说，界限感就是在人际关系中掌握适当的分寸，你有你的空间，我有我的自由，各得其乐的状态。

在亲子教育中，父母和孩子的界限常常是模糊的。孩子有事时不自己想办法解决，而是求助父母；父母面对孩子的要求不是鼓励他自己完成，而是有求必应。父母付出得越多，对孩子的期望就会越高，这样的父母还会认为自己有功，认为侵入和掌控孩子的私人领域是理所当然。这些做法，不但无法换来孩子的回报，反而会招致孩子的不满。心理学大师海灵格曾说过："好的家庭，一定有界限感。"孩子也是一个独立的生命个体，他跟父母之间不是依附关系。他无法背负属于父母要去成长的部分，否则会不堪重负。因而家长要关注自我成长，活出自己的价值和生命状态，一来不会将自己的这个未实现的部分投射到孩子身上，二来也是给孩子做好榜样。同时，父母也不要去背负属于孩子需要成长的部分，把孩子的学习责任扛在自己身上，这样自己会不堪重负，孩子也得不到成长。学习的主体责任是孩子，作为家长的身份定位是支持、引导，因而不要总是唠叨，要让孩子逐步感知到学习是自己的事情，他才会有真正的意愿和动力，这是一个在培养孩子的学习态度和学习能力之后而逐步放手的过程。

3. 沟通要先处理"情"再处理"事"

孩子跟父母之间是血缘关系，所以我们跟孩子之间的交往，不是讲规则而是讲情感的。在这个过程当中，如果家长不能很好地表达出这个情感，只是简单地去扮演老师的角色，孩子是不接纳的。许多父母爱唠叨，还说唠叨也都是为了孩子好，那父母爱唠叨的背后有怎样的心理？唠叨真的对孩子有好处吗？所谓唠叨就是围绕一件事或者一个道理来回地说。唠叨的人通常是过于追求完美的人，并且喜欢把自己的想法强加于别人；唠叨的人也是一个消极的人，通常会过分地担心，伴随着情绪的焦虑。由此可见，唠叨是面对一些不确定的人事物，那种无法掌控感所产生的压力和焦虑，是一种缺乏安全感的表现。父母唠叨本身就非常消极，会让孩子产生沮丧、消极，让氛围特别压抑。因此，父母的唠叨会成为孩子的心理负担。当孩子做事的时候被父母唠叨，反而让孩子忽视了自己所要做的事情，把关注点放在了对父母唠叨的抵触上了。唠叨是心理学上"超限效应"的典型表现，刺激过多、过强或作用时间过久，就会让孩子产生不耐烦或者叛逆。久而久之，孩子就和父母无话可说了，甚至一说就顶。

因此，当一件事情发生了，我们需要先处理“情”再处理“事”，良好的亲子沟通从接纳孩子的情绪开始。父母在否定孩子一些不好的行为前，一定要先看见孩子的情绪。比如，当孩子不想写作业、又在玩游戏时，我们不要急于指责孩子，不要给孩子讲大道理。可以试着看见和接纳孩子的情绪，然后再聊聊写作业的问题，如“发生什么了？”“你什么感受？”“你需要我做什么？”等等。让孩子感受到你在乎的不是他的学习，而是他这个人本身，是他内心的感受。当我们接纳了孩子的感受和情绪，允许其流淌出来，孩子从父母那里得到了陪伴和支持，他的内在就会升起面对问题的力量，从而有智慧地解决问题。

4. 尝试提问，觉察回应

沟通时提问比教导更好用。当我们发现孩子仍然有进步空间时，常常会直接提出建议，然而直接给出建议。这种高高在上的教导感可能会让孩子不愿接受。苏格拉底说过：最有效的教育方法不是告诉人们答案，而是向他们提问。以“问”为开头的教育方式，会让孩子感觉到被尊重，愿意尝试和参与，感到自己更有能力，并且通常会决定合作。父母要做孩子智慧的启发者和唤醒者，学会引起孩子内心的好奇。当孩子出现问题时，尝试着发问：发生什么了？你是怎么想的？你打算怎么做呢？这样做的结果是什么？这个结果是你想要的吗？一系列的发问会引导着孩子去觉察和反思自己，去重新设计和规划自己。

沟通的效果取决于对方的回应。沟通没有对与错，只有有效果或者没有效果之分。父母自己说得对没有意义，孩子收到你想表达的讯息才是沟通的意义。所以，父母说了任何话，要看孩子是怎么回应的，以此来验证我们的沟通是否有效。当孩子强忍着反抗不理父母，或者与父母直接怼起来，那么父母就要反思自己是不是态度强硬了，是不是带着情绪表达了，是不是语言指责抱怨了等，而不是让孩子强忍着接受，更不是去激怒孩子与孩子互怼。所以我们对孩子提出要求时，也要根据孩子的反应来调整自己的沟通策略。沟通时企图改变对方是徒劳的，当一种沟通是无效的，那就换另一种方式沟通，父母只能灵活地改变自己的沟通策略来实现和孩子的有效沟通。

家庭教育是关于爱和成长的教育。一个孩子在生命早期与父母构建的关系，奠定了孩子未来与自己、与他人、与世界关系的基础。家长要明白自己首先是父母，而不是老师。在孩子的一生之中，父母才是唯一能让孩子感受到被无条件接纳和爱着的人。虽然家庭教育也有指导、督促孩子完成学习任务、学会学习的职责，但这不是父母陪伴孩子的主要目标，更不能成为唯一目标。

45 孩子与家长说话总是不耐烦，怎么办？

困惑打卡

和孩子说话，尤其是给孩子讲道理的时候，稍微多说几句，孩子就会表现出很不耐烦的样子，有时还会对着父母大吼大叫，甚至一言不合就“砰”的一声把门关上，将自己反锁在屋里，怎么也叫不开门，真不知道现在的孩子都在想些什么，怎么就不能理解父母的良苦用心呢？

家长心声

家长 A：我家孩子经常对我们发脾气。我们所做的一切都是为了他将来有更好的发展，害怕他走弯路，担心他失去好的机会，好心提醒他。他不仅不领情，还不耐烦地冲着我们大喊大叫，说我们是在限制他的言行，控制他的人生。我们指责他态度不好的时候，他还让我们反思：有没有抓住一件事念叨个没完？是不是每天都要唠叨他的成绩？在和他说话的时候，关注过他的感受吗？……感觉自己的一片苦心被辜负，好像养了一个“白眼狼”。为此，我很伤心，也很焦虑，真不知道怎样做才能让他和我们好好说话？

家长 B：我家的孩子曾经有段时间也不能和我们好好说话，不过他不会对我们大喊大叫，一说多了就关起门来不理我们，怎么敲门也没反应。当时我们也很着急，总想改变他，但没有用，逼急了他就和我们对着干。后来，我们试着改变自己，挑选合适的时机，平心静气地和他交流，耐心倾听他的心声，满足他的一些合理要求。慢慢地，孩子也变了，放学回家会主动跟我们说说学校里发生的事情，也愿意听我们说话了。孩子的心门打开了，家里的氛围也变得温馨了。

高中阶段的孩子出现这样的问题很正常。在这个年龄段，面临着来自学业、社交、家庭等多方面的压力，他们容易变得易烦躁和不耐烦。而且，高中生独立性增强，渴望被成人尊重和理解，不愿意再像小孩子一样服从家长。他们希望获得像成人一样的权利，对不合自己心意的事情不愿意附和，容易对家长的说教产生阻抗心理进而出现顶撞行为。那么，作为家长，当孩子和你说话不耐烦时，怎么办呢？

1. 了解孩子说话不耐烦的原因

(1) 孩子“变”了，家长却“没变”

高中生在生理、心理和社会性发展方面都发生了非常大的变化，心理层面的变化：

① 逆反。高中生逆反的背后含义是向家长宣告：“我是一个成年人了。”因此，孩子要求独立自主，要求被尊重、被理解，希望摆脱成人的约束，渴望有独立的心理空间。大多数家长并没有意识到孩子心理需求的变化，仍然把高中生作为小孩子来对待，习惯了对孩子指手画脚、教育训斥。这样，孩子和家长之间的关系就会恶化，出现不耐烦、顶嘴、吼叫等现象，有些孩子甚至故意和家长较劲——无论家长说得是否有道理，一概否定，个别孩子甚至牺牲自己的未来发展也在所不惜。例如，有些孩子逃学不是因为不喜欢学习，而是为了反抗家长。家长希望孩子好好学习，但他就是不学，看家长怎么办。家长说好好学习，将来考个好大学是改变命运的捷径，他偏要辍学打游戏挣钱。其实，孩子是在用“逆反”的方式捍卫自己的“权利”。

② 情绪易于波动和两极分化明显。研究表明，人的大脑可以分为本能脑、情绪脑和理智脑。本能脑让人对环境做出本能的反应，如渴了就喝，饿了就吃等，它主管人的生理需求，在婴儿期就已经成熟。情绪脑负责处理我们的情绪反应，是人的情绪中心，掌管着喜怒哀乐等情绪及长期记忆，它在人大约 12 岁的时候逐渐成熟。理智脑（主要是前额叶）主导人的理性思考，一般要等到 25 岁左右才发育成熟。由此可知，高中生更容易体验到喜怒哀乐等各种情绪，情绪体验会更加丰富和深刻，但由于他的大脑前额叶尚未成熟，所以自控能力仍

然较弱，还难以理性地思考问题，情绪容易波动。这时候，如果家长对孩子的情绪变化了解甚少，还把他们看作是小孩子，沿用过去的教育方法，往往会导致亲子关系更加紧张。成年人感觉很正常的事情，他们则可能会极度暴躁。家长唠叨几句，孩子就可能大发雷霆。

(2) 家长期望高，孩子压力大

当孩子升入高中后，面临的压力陡然上升。一是学业压力巨大。高中知识量大，知识点难，综合性强，对逻辑思维要求非常高，若要在高中阶段取得优异成绩，并非易事。二是升学压力巨大。高中生面临人生的重要转折点，时间紧，任务重，压力之大可想而知。三是面临家长的殷切希望。几乎每位家长都“望子成龙，盼女成凤”，来自家长的强烈期待也会给孩子在无形中增添不小的压力。研究表明，在持续的高压下，会导致消极情绪的增加，如忧虑、恐惧、烦躁、易怒等，这些消极情绪会阻碍人们与他人建立良好的关系。另一方面，压力也会导致积极情绪的降低，减少兴趣和幸福感，甚至导致情绪波动和失控。

(3) 家庭影响孩子的沟通方式

家长是孩子的第一任老师。家长的一言一行、一举一动都会对孩子产生深刻的影响。著名教育家马卡连柯说：“家长如何穿戴，如何同别人谈话，如何谈论别人，怎样欢乐或发愁，怎样对待朋友，怎样笑，怎样读书……这一切对儿童都有着重要的意义。”如果家长在教育孩子时，习惯采用简单粗暴、大吼大叫的方式，那么这种人际交往的方式最终也将被孩子习得，成为他与人交往的主要方式。此外，家庭环境也可能对高中生的情绪产生影响。家庭氛围紧张、亲子关系不和谐等因素都可能导致高中生情绪波动，从而在与人交流时显得不耐烦。

2. 尊重孩子

当孩子不愿意和我们交流时，我们一定要保持冷静，尽可能试着站在他们的角度去理解他们所经历的情绪变化，让孩子有个独处的空间和时间，给予他调适自己情绪的机会。家长要学着尊重孩子的意愿和选择，不强行让孩子与自己交流，更不要用相同的方式回应他们的暴躁行为。

3. 学会做一个好的听众

高中生渴望自由、独立、被尊重，如果家长仍然扮演一个无所不能、指手画脚的角色，那么很容易引起孩子的反感。

做一个好的听众，首先意味着家长可以对孩子保持好奇，以欣赏的态度对待孩子的所作所为。不管孩子做什么，家长都应该让孩子感觉你对他是有兴趣的，你想了解他，与之进行探讨，而不是教育他、指责他。没有人喜欢被教导，何况是高中生。家长可以把自己的经验和价值观深藏起来，不要急于说出“正确”的做法。家长可以允许孩子犯错误、走弯路，给孩子一个探索适合他发展的机会。孩子在探索的过程中或许会走一些弯路，但也锻炼了他的判断力和鉴别力。当孩子发现自己是被尊重的，更容易听进家长的建议。

做一个好的听众，还意味着不立即否定孩子。对于孩子提出的不合理的要求，家长可以说：“你的想法很有创意啊，你能说说这个创意是怎么来的吗？你下一步打算怎么做呢？”这样，既让孩子感受到被尊重，又帮助孩子澄清了他的想法是否具有可行性。其实，很多高中生提出一些不合理的要求，并不是真的要实现，而是看看家长的反应，是不是真的在意他、尊重他。

4. 做孩子的榜样

古罗马哲学家塞内加曾说：“教诲是条漫长的道路，榜样是条捷径。”家长是孩子模仿最早、最多的对象，是孩子最好的榜样。作为家长，可以先控制好自己的脾气，不随便发火。如果家长脾气不好，夫妻经常吵架，或经常对孩子大吵大叫，那么我们的语言说教几乎就没有什么效果。正所谓“身教重于言教”。

5. 设定必要的界限和规则

我们说家长要理解孩子的情绪波动，但并不是一味迁就，可以给孩子设定一些必要的界线和规则。可以告诉孩子，你内心如何看世界是你的权利，面对现实世界时就要按规则办事。这样做可以帮助孩子形成规则意识和界限意识，让孩子学会在内心和现实世界两个层面接纳自己，同时也可以保护孩子的安全和幸福。

6. 给孩子一个情绪宣泄的出口

当孩子情绪不好的时候，家长可以试着安慰孩子，让孩子有独处的时间，并根据孩子的实际需要给予必要的帮助。比如，孩子考试没考好，竞选失败了，比赛没有获奖等，都会对孩子产生很大的打击。家长可以试着去理解孩子，学会倾听，学会换位思考。引导孩子通过诉说来宣泄负面情绪。也可以让孩子通过跑步、听音乐、唱歌、跟同学打球等方式给情绪一个出口。当然，对于孩子因为情绪控制不好而跟家长发火的情况，家长可以冷处理一段时间。等孩子情绪调整好了以后，再跟孩子沟通，这时往往会起到亲子沟通的良好效果。

家庭建设篇

46 单亲家庭不知如何教育孩子，怎么办？

困惑打卡

作为离异或丧偶的单亲家庭，父亲（或母亲）在独自抚养孩子的过程中，总是担心父（母）爱缺失会给孩子带来负面影响。每每看到与“父（母）爱缺席”有关的话题，就会陷入焦虑、自责、愧疚之中。怎样做才能弥补孩子成长过程中的这份缺失感呢？

家长心声

家长 A：作为一个单亲家庭的妈妈，我感觉到了自己情绪的不稳定。有时会觉得自己很强大，对孩子说：别的家庭要爸爸妈妈两个人才能养好孩子，我们家只要妈妈一个人也能养好你，不需要爸爸。有时内心又会不甘被痛苦和怨怼情绪捆绑，将委屈和痛苦传递给孩子。和其他孩子比起来，我儿子明显缺乏安全感，更多地表现出胆小、被动和敏感等问题。我要怎样做才能减少父亲角色缺失给孩子带来的负面影响，让孩子在成长的过程中情感完整，心向光明呢？

家长 B：先生的突然离世对我来说是一个巨大的打击，很长时间我一直沉浸在悲痛中走不出来。不但无法顾及孩子的感受，甚至还要孩子来安慰和照顾我。我知道父亲的离世也会给孩子带来负面的影响，而自己的行为则会加重孩子的心理负担，但就是控制不住自己，不管不顾地选择了逃避。当我拼尽全力从悲痛中走出来的时候，却发现孩子变得不爱说话了，说话都是看着人的眼色，小心翼翼地，懂事得让人心疼。我该怎样做才能减少家庭不幸对孩子成长的不利影响，促进孩子的身心健康发展呢？

家庭是个体“自我”觉醒、形成过程中，最重要的影响来源。个体知识的获得、能力的习得、生活习性与思维方式的形成首先来源于家庭。一个结构完整的家庭能带给孩子更完整的教育影响。现实生活中，因夫妻离异或其他原因而造成的单亲家庭在不断增加。由于家庭结构的缺失，单亲家庭的孩子处于一种特殊的成长环境中。许多家长会因为自己不能给孩子一个完整的家而觉得亏欠了孩子，对孩子过度关注或者极度溺爱。还有一部分家长会在不自知的情况下将婚姻的不幸归因到孩子身上，迁怒孩子的同时对孩子要求严苛。当然，并不是所有单亲家庭的孩子都会出现问题，也有一些单亲家庭的孩子发展得比普通双亲家庭的还要好。所以，单亲并不是孩子成长中出现问题的必然原因，单亲家长是否有正确的教育理念，能否给予孩子爱的陪伴才是最重要的。

单亲家庭一般分为离异单亲和丧偶单亲，这两种类型的单亲家庭，看似现状都一样，由父母中的一方在抚养孩子，但是本质上却差别很大。离异的单亲家庭，虽然父母中的其中一方不和孩子生活在一起，但是父亲和母亲都存在。虽然夫妻关系破裂了，但他们都应该各自承担起抚养孩子的责任，亲子关系会一直在；丧偶单亲则不同，对孩子而言，孩子真实地失去了父母中的其中一方。这两种类型的单亲家庭对孩子的陪伴还是有所区别的。

那么离异的单亲家庭，父(母)亲该怎样更好地陪伴孩子呢?

1. 用平和的态度坦诚地告诉孩子

如果父母在孩子面前表露离婚过程中彼此的成见，说离婚是因为孩子的问题，会给孩子的内心留下永久的伤痛和自责。孩子会不自觉地去想“父母离婚是我的错”,“如果我足够好，父母就能复合”，由此产生深深的愧疚感。所以，首先要跟孩子说清楚，父母离婚的原因是多方面的，不能简单地评判谁对谁错，谁是谁非，又怎么可能是孩子的错呢? 让孩子正确理解离婚的含义，明白父母的分手是因为生活在一起不合适，他们有追求各自幸福的权利。作为两人情感纽带的孩子虽然无法置身事外，但要尽可能减少父母离异给自己带来的负面影响。和孩子沟通时，重要的不是说什么，而是怎么说。要试着换位思考，注意说话的态度、方式和语调等。

2. 在孩子面前不抱怨对方

即使在完整的家庭中,父母互相诋毁也会让孩子左右为难。父母离异了,但是对方永远是孩子的父亲或者母亲。抚养孩子的一方如果能够理智地面对这一现实,以豁达和智慧引导孩子和非抚养方和谐相处,这对单亲家庭的孩子而言才是成长智慧。所以无论孩子和谁一起生活,其中一方永远不要在孩子面前说另一方的坏话。因为另一个人是孩子的爸爸(或妈妈),孩子一半来自妈妈一半来自爸爸,在孩子的内心里既接受爸爸又接受妈妈时,才不会在内心产生冲突和内耗,才能接受完整的自己。让孩子感觉离婚后的父母更开心幸福,自己也更被关心。如果一方带着委屈、抱怨、指责的态度和孩子去说对方的不对,孩子就会感到自己被爸爸或妈妈抛弃了,不仅对另一方心怀怨恨,还会在幼小的心灵上根植下对婚姻错误的认知。要让孩子感受到,父母离婚了,亲密关系结束了,但是他们并没有抛弃孩子,亲子关系永远在,孩子永远是爸爸妈妈心中的宝贝。

3. 做一个情感成熟的父母

无论父母哪一方和孩子一起生活,作为家长自己在心理上必须是一个成熟的人,个性独立并且乐于关照孩子。很多人虽然成了生理上的父母,但心理上还依旧是孩子。心理学博士琳赛·吉布森在《不成熟的父母》提出,不成熟的父母有四种:驱动型、情绪型、消极型和拒绝型。驱动型父母:用自己的标准和希望来推动孩子的成长,孩子只有长成他们希望的样子,才会满足他的心意;情绪型父母:情绪特别容易崩溃,总需要别人来照顾他们的情绪,孩子活得小心翼翼,生怕自己有一点错误惹怒父母;消极型父母:遇到难题就跑,他们内心还住着一个小孩,他们不能扛事,需要有人替自己做主;拒绝型父母:内心有一道大门,孩子靠近时他们就把门关上,经常对孩子说:自己的事自己做,别老是想要求别人。孩子会取悦不成熟的父母,其自我认知和行为模式会严重扭曲。这种伤害会从童年延续到成年之后:缺乏自信,人际关系不好,找到的伴侣和父母类似,无意识重复父母的模式来教育下一代。吉布森认为,没有完美的父母,但情感成熟的父母立足现实,懂得和孩子互惠,懂得回应孩子的情感需求。

对于丧偶的单亲家庭来说,孩子与父母离世一方的现实情感联结好像是永远断了!要怎么做才能减少孩子的心理伤害呢?

1. 允许孩子流淌悲伤

家长要处理好自己的情绪，才不会感染和影响到孩子的情绪。不要试图引导孩子忘却悲伤，这样只会让孩子把悲伤藏在心里，流淌不出来的悲伤储存在孩子的身体内，将对他的成长形成更大的障碍。陪伴孩子面对现实、接受事实。对孩子的感受和表现，体现出一种“全然的接纳”，让孩子的悲伤情绪流淌出来，他的内在的力量才能生长出来。若孩子对逝去亲人的情结太大，可以尝试运用隐喻或象征的做法化解，例如把心中的话写成一封信，用火烧掉，再引导孩子想象亲人在另一个世界收到了信，其读信时的表情和对孩子的回话。

2. 与孩子正面讨论逝世的亲人

家长找机会与孩子正面讨论逝世亲人的各种事情，一起回忆与亲人度过的欢乐时光、亲人给自己的影响、亲人对于自己的意义等，倾诉内心的情感纠结和情绪困扰，交流因逝去亲人而引起的其他问题等。孩子只有接受了已经发生的一切，才能拥有面对他接下来人生的力量和勇气。

总之，家庭结构对孩子的成长会产生很大的影响，但这不是最重要的。无论是结构完整的双亲家庭，还是结构不完整的单亲家庭，把家营造成温馨的爱的港湾才是最重要的，让孩子在爱的滋养下成长——被关注、被支持、被欣赏，让孩子在家庭中体验到重要感和归属感。

47 夫妻经常吵架影响到孩子，怎么办？

困惑打卡

我们都知道，父母吵架，尤其是当着孩子的面吵架，会带给孩子太多负面的影响。可事到临头往往很难控制住自己的情绪，一吵起来就不管不顾的。这样家庭的孩子很容易因此产生心理阴影，变得暴躁易怒，敏感多疑，对人对事越来越冷漠……人际关系也会变差，不懂得如何表达自己的情绪，很难与人正常沟通。怎么做才能尽可能减少夫妻吵架对孩子的影响呢？

家长心声

家长 A：我的脾气比较急，经常会因为一点小事就和老公吵起来。开始的时候也怕吓着孩子，还想着要避开孩子。可有时候脾气一上来，不吵痛快了决不罢休，哪里还顾得上管孩子。一开始，孩子还战战兢兢地两头劝架。时间长了，我们再吵架，孩子要么冷冷地盯着我们看，一句话也不说；要么就用比我们还要大的声音，冲着我们使劲喊，甚至摔东西。看着面目狰狞的孩子，我感到非常羞愧和痛心。怎样做才能减少夫妻吵架给孩子带来的伤害呢？

家长 B：在孩子很小的时候，我们两人就经常吵架，有时还会动手。那时候，孩子就经常半夜躲在被子里偷偷地哭，还使劲憋着不敢哭出声。如今，孩子的性格变得敏感内向。经常坐着发呆，整个人木木的，看到别人吵架就会脸色发白，甚至听到有人大声说话也会被吓一跳，严重时甚至喘不上来气。我意识到孩子的问题已经很严重了，要怎么做才能帮孩子走出父母吵架的阴影呢？

师说心语

冲突是生活的一部分，任何一对夫妻都不能避免冲突。父母吵架时说的每一句攻击对方的狠话，对于夫妻双方来说，可能只是一时的气话，事后都不会放在心上，但孩子却会全盘接收并放在心里。神经学研究发现，当孩子听见吼叫、怒骂声时，他们的压力激素就会飙升。大多数孩子都害怕父母吵架，越小的孩子越害怕。他们对父母的行为难以理解，惶恐、焦虑又无助，不知道怎么做才能改变这个局面。很多孩子会因此造成自身安全感的缺失，于是他们的潜意识就会经常制造一些问题来吸引父母的共同关注，从而来换取父母关系短时间的和谐。比如，经常生一些小病、爱发脾气摔东西、上课注意力不集中、学习散漫等。

如果父母不小心在孩子面前爆发了激烈的争吵，应该怎么做才能弥补给孩子造成的消极影响呢？

1. 向孩子说明当时究竟发生了什么

很多孩子难以理解父母为什么争吵，当一对夫妻在孩子面前爆发了争吵以后，一定要及时告诉孩子当时发生了什么事情，特别要说明孩子他们争吵与孩子无关。如果有的父母在争吵中将孩子也牵扯了进去，更加需要向孩子说明当时的情况，并且为自己的行为道歉。无论是否和好，说这件事情的时候都不要去指责埋怨对方。让孩子明白吵架也是夫妻的一种相处模式，父母之间的争吵不会影响夫妻感情，更不会减少对孩子的爱和关心。

这种做法非常有效，有人发现这种方法甚至对还不会说话的婴儿都有效。一对夫妇在家里吵架，他们 6 个月大的孩子被吓哭了，虽然之后他们不再争吵，孩子最终也停止了哭泣，但是一整晚孩子都不肯睡觉。这对夫妇抱着孩子，分别用平静的语调向他解释当时发生了什么。妈妈说："刚才我和爸爸吵架了，是一些无关紧要的小事情，但当时我很生气，就开始骂他。"爸爸说："刚才我和你妈妈吵了一架，她很累所以心情不好，说了我几句，我也控制不好自己情绪，就和她吵了起来。我们吵架不是因为你，而且我们现在也没事了。"虽然他们也不确定孩子是否能够理解，但是在他们这么做了之后不久，孩子真的安然入睡了。

2. 允许孩子表达感受和想法

每一个被严重压制的情绪都是一个情结，每一个情结都会储存为身体的细胞记忆。所以，父母当着孩子的面吵架后，要鼓励孩子把自己的感受说出来，把心里的真实想法表达出来，这样可以最大限度地减少对孩子内心的伤害。在鼓励孩子的过程中，要有耐心地去引导他。抱一抱孩子，摸摸孩子的头等，通过一些适当的肢体语言来传达对孩子的关爱，让孩子安心。建议父母最好要当着孩子的面和解，孩子见证了父母的冲突，那么也让孩子来见证父母的和解。这么做，一方面可以让孩子明白，父母之间的感情依旧是很好的；另一方面，也可以让孩子了解，人与人之间有冲突是很正常的现象，只要我们及时处理就可以了，这样可以让孩子学会如何处理人际的冲突。心理学家武志红就曾说过："父母是孩子最大的命运，如果父母相爱，孩子会充满幸福感。"所以聪明的夫妻要学会拉着手吵架，吵架之后也及时拉手，用这样的行为和孩子一起成长。

从心理学视角来看，一对夫妻在孩子面前表达各自的分歧并没有什么不好，如果父母能够用这个机会来给孩子展示他们是怎么解决彼此间不同的意见，最后达成一致行动，对孩子来说反而是一件好事情，因为孩子又学会了一种与人相处的重要技能——协商。所以，父母如何面对吵架、化解吵架，做到越吵关系越亲近，那么吵架也是孩子成长的一部分。给喜欢以争吵来解决彼此分歧的夫妻一些建议。

1. 保持彼此清晰的边界

夫妻相处是一件非常复杂的事情，需要双方不断协调和适应。情绪失控往往是因为夫妻相处时没有建立起清晰的自我边界，搞不清楚自己跟别人是两个不同的独立个体，应该有各自独立的感受、想法和选择。我可以向另一个人提供意见和帮助，但前提是——对方确实遇到问题并希望获得我的意见；我可以试图去理解另一个人的想法，但这并不表示我一定要去赞同对方，或是由于我的反对意见而要对方一定改变想法。

在相处的过程中，夫妻之间需要有边界感。保持着物质、情感、空间和社交的边界感，会给予对方充足的安全感，夫妻关系会越来越稳定。

2. 让吵架成为建设性的冲突

在家庭生活中，每个人都有自己的观点和思想。夫妻有了分歧，如果不说出来，对方是不会知道你的想法的。如果仅仅是为了避免吵架，就一味地忍让，对方永远不会知道问题的存在，依然会我行我素。长此以往，矛盾早晚还是要爆发，到那时候对夫妻双方的伤害会更大。所以，夫妻间有了分歧应该及时说出来，只要注意时间、方式等，不仅不会影响夫妻间的感情，吵架反而是夫妻间有建设性的冲突。

当彼此观点不同时，尝试使用非暴力沟通。首先，在特定的时间、地点和情境中，清晰地表达自己所观察的行为结果；接着，表达自己的感受，如委屈、难过等；然后，说明自己的需求，我有哪些需要、期待或价值取向没有得到满足；最后，提出具体的、正向的、有建设性的意见。在沟通时，一定要注意不要进行比较、道德评判、回避责任或者强人所难。

3. 尝试觉察自己深层的原因

其实，夫妻之间的矛盾 90％都是来自原生家庭。在亲密关系里可以尝试着去觉察一下，当跟自己的伴侣吵架生气的时候，有没有发现自己一些语言和行为，特别像自己的母亲或父亲？你再去看一下你的伴侣身上，或许有他（她）的父亲或母亲的一些性格特征。很多时候，我们在自己的亲密关系里面，会无意识地重复着父母的相处模式。如果不断地重复在原生家庭里面看到的那种错误的相处模式，既影响了亲密关系，又会让孩子不自觉地模仿，那么就会陷入一代一代的家族循环模式。根据荣格的观点，冲突是通往心灵之路。所以，通过冲突来自我觉察和内观，可以看到自己深层的故事和信念，找到并调整自己的思维模式，做一个不断成长的自己，也会不断遇见更好的自己。

48 家庭教育理念不一致，怎么办？

困惑打卡

当父母在教育孩子的问题上发生分歧时，孩子出于本能的自我保护心理，他会利用父母不一致的意见，选择有利于自己的一方。孩子利用我们的矛盾达到自己的目的，当面一套背后一套，也不考虑自己的要求是否合理。该怎样做才能纠正孩子的两面性呢？

家长心声

家长 A：在孩子的教育问题上，先生和我的意见总是不一致，两个人经常闹矛盾。我认为，在高中阶段儿子必须利用所有的时间全力以赴搞好学习，只有努力学习才能考上理想的大学。先生却说学习要劳逸结合，要学习也要放松。于是，先生经常带着孩子参加一些户外活动。因为意见不一致，我们经常争吵甚至冷战，我真的不知道该怎么办了？

家长 B：我们家是三代同堂，孩子的爷爷奶奶和我们生活在一起。这样原本可以让我们从繁忙的家务中解脱出来，有更多的时间来陪伴孩子，但一遇到教育孩子的问题，隔代教育观念的差异就显现出来了。爷爷奶奶疼爱孙子，爸爸妈妈严格要求，各自有各自的立场，分歧不断，冲突不止，搞得我们身心俱疲。该怎么办呢？

师说心语

一个家庭里，教育孩子的观念、方式方法不一致，是一种很常见的现象，也是很多家庭感到无奈和困惑的地方。爸爸想要放手，妈妈却总是包办；爸爸妈妈要给孩子立规矩，爷爷奶奶又宠着孩子破坏规则；妈妈拒绝了孩子的无理要求，爸爸却对孩子有求必应。这是因为家庭中的每个人都有不同的文化背景、不同的成长经历、不同的价值观念，每个人都是在用自己的成长经历和自己认为对的成功经验去教育孩子。再有，男人和女人思维模式完全不同。男人的思维方式多是因果思维，逻辑理性。女人的思维方式多是直觉思维，感性细腻。于是，在孩子的教育上就会产生明显的冲突和碰撞。

家庭成员教育观念、教育方式的不一致对孩子负面影响比较大，我们可以试着这样做：

1. 确保夫妻关系大于亲子关系

在家庭关系中爱是有序位的。用老话儿说，就是有先来后到。如果将三口之家三个人之间的关系描述为一个三角形的话，这三个人分别为三角形的三个顶点。妻子与丈夫构成三角形的稳定性底边，夫妻两人与孩子之间的连线要相等，且会随着孩子的成长呈动态远离趋势。因此，这个三角形应该有两个规律：一是底边固定（夫妻之间的关系），二是两腰相等（父亲母亲分别与孩子的关系）。三角形的高，即孩子这个顶点与父母那个底边的垂直距离是不断变化的，从幼儿期到成年期，孩子会离底边越来越远，从而完成地理意义上和心理意义上的逐步分离。

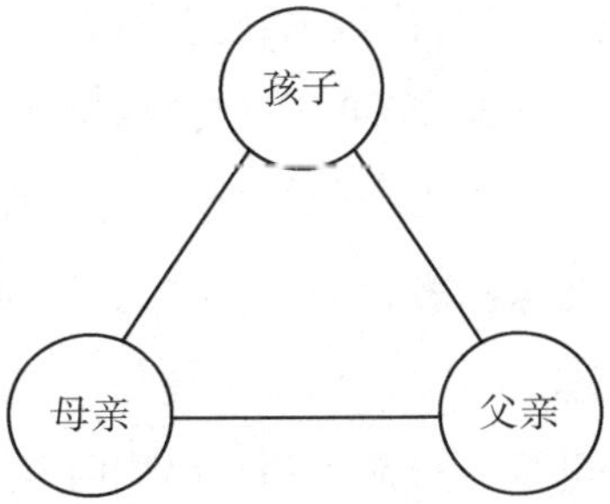

生命铁三角

由此可见，夫妻关系才是一个家庭能够稳定且幸福的定海神针，夫妻关系在家庭所有关系中应排在第一序位。当夫妻关系顺畅和谐，家庭其他成员关系（婆媳、亲子）才能够随之安稳，亲子关系便不会出现恶性竞争、扭曲替代等状态。在现实生活中，当我们全心全意地投入去做好母亲（或父亲）的同时，往往忽略了你的另一半。当亲子关系凌驾于夫妻关系之上，孩子便成了母亲的第一亲密之人，孩子会疏远甚至嫉妒父亲；而当孩子成年之后，母亲便会憎恨和折磨孩子爱上的那个女人。因此，只有夫妻关系排第一位的家庭，孩子才能够享受到来自父亲和母亲两个人共同的、完整的、足够的爱。

2. 避免在孩子面前互相指责

如果父母教育孩子意见不一致乃至出现冲突，尤其是当其中一方被指责或主动示弱时，带着情绪的父母甚至还会将对方的不足或者缺点无限放大。当面对爸爸、妈妈不足的另一面和这些被放大的缺点时，孩子会混淆判断是非的标准。孩子的同一个行为，父母所表现出的分歧会让孩子分不清是非对错。父母的互相指责也让孩子对父母或者自己有了评判，孩子在内心里会选择更认同谁更亲近谁，有的孩子会和强势的一方一起指责示弱的那一方，也有孩子内心会选择同情示弱的那一方，还有的孩子会认为是自己不好造成父母吵架而产生负罪感。因此，当着孩子面相互指责，不仅会让父母的威信下降，教育效果大打折扣，还会让孩子心灵受伤。

3. 选择以一人为主的教育

手表定律说明，当我们拥有两块手表的时候，反而并不知道准确的时间。在家庭教育中，父母的教育观念就是手表，不能出现两块手表，最好是一套教育理念。很多孩子单独和父亲或者母亲相处时，往往很配合，遵守规则情绪稳定，可是一旦孩子和父母同时在一起时，问题便接踵而来，要么挑战规则，要么情绪失控等。孩子为什么会这样呢？问题来源于父母的教育观念不一致，甚至有矛盾和冲突。当两种教育方法出现差异时，该听谁的呢？很多时候这种分歧的结果是让孩子钻了空子，比如好习惯正在培养和巩固的阶段，因为爸爸和妈妈的分歧而时续时断，为培养带来了难度。再比如父母一方批评教育时，孩子会到另一方寻找保护，错失成长的机会。因此，当双方在教育孩子方面不一致时相互干扰，有时反而不如以一个人为主时的教育效果好。在彼此意见不一致时，若能以一人为主，另一方维护对方，向孩子表达自己的态度和界限，是教育好孩子的前提。

4. 尝试做到求同存异

如果双方各执己见，互不妥协，往往会引发另一方的情绪而产生更加过火的行为。比如妈妈对孩子偏向于宽松，爸爸偏向严格。当看到妈妈给孩子太多的余地和自由，爸爸就很生气；而看到爸爸太严厉，妈妈也很不满。于是，爸爸会为了消除妈妈的“不利影响”而更严格，而妈妈也会为了补偿爸爸的严厉变得更宽松。当双方分歧和冲突越来越大的时候，孩子可能就学会利用两方立场的不同，去操控一方压制另一方来达到自己的目的，由此而产生的糟糕行为就会层出不穷。同一件事情，对孩子行为有不同的要求和标准，时而这样时而那样，会让孩子认知混乱，无所适从。孩子做了同样的行为，有时处罚，有时表扬，有时又会放任不理，会让孩子养成不辨是非、不明事理的坏习气。成人教育孩子的双标或多标，严重的还会造成孩子感觉分裂，形成多重人格。比如，爸爸妈妈严厉，爷爷奶奶宠溺，孩子就会在爸爸妈妈面前乖巧听话，等爷爷奶奶来了就任性撒泼，提很多无理的要求。如若彼此意见不一致时，当时可以先同意为主的一方或已经着手处理的一方，事后避开孩子进行沟通商讨，下次再遇到这样的情况怎么处理才会更好些。久而久之，双方就会慢慢走向一致。

5. 父母要做教育孩子的第一责任人

不论是父母还是祖辈都应该意识到，父母才是子女教育的第一责任人。父母是教育孩子的“主角”，祖辈不应该替代父母承担责任，而应该发挥辅助、协助作用，成为家庭教育中的“配角”。在这个过程中，祖辈对父母教育子女出现的异议，应该私下沟通和交流并最终尊重父母的选择。而作为父母，也不能将子女抚养的责任一味推给自己的父母，应该主动进行学习。许多父母还没有学会如何做父母就做了父母，往往沿袭原生家庭中父母对自己的方式来教育孩子，或者因不喜欢父母教育自己的方式而用了矫枉过正的方式对待孩子，这些都不是基于孩子的独特生命本身的教育。家庭教育是父母生命观的呈现，只有当父母能够自我觉察、自我成长时，才能产生生命影响生命的家庭教育。在三代同处、隔代教育的家庭中，最好采用父母为主、祖辈为辅的联合教育，父母必须想方设法提高自己对孩子的影响力，让自己适合的教育观念和方式占据主导地位。

总之，教育观念存在差异不可避免，关键是父母如何为孩子作出表率，如何化解观点不同时所产生的冲突，如何把一切都变成教育的资源，借助分歧和冲突引导孩子学会接纳不同并学会与之融洽相处。孩子不是听父母说了什么，而是看父母做了什么。孩子可能不会成为父母希望的样子，但是孩子一定会成为父母的样子。

49 家庭教育中父亲角色缺失，怎么办？

困惑打卡

有的家庭中，父亲会因为工作忙或缺乏责任心等原因，认为教育孩子是另一方的事情，对孩子的事不管不问，很少参与孩子的成长。而几乎所有的孩子都很期待父母双方的认可，有事情也喜欢和父母两个人分享。如果父亲对此总是表现得很不耐烦，甚至训斥孩子，会对孩子造成很大的伤害。孩子会觉得，别人的爸爸怎么都那么疼爱孩子，我的爸爸怎么这样对我？爸爸是不是不喜欢我？该怎样改变这种现象呢？

家长心声

家长 A：孩子爸爸的工作比较忙，早出晚归的，很难抽出时间陪伴孩子。偶尔一家人在一起，和孩子也没有语言交流，连我们夫妻之间也有点冷淡了。孩子跟我比较亲近，我会刻意讨好和拉拢孩子，经常在孩子面前抱怨指责爸爸，而孩子很小的时候就懂得在我面前表忠心。对于孩子来说，爸爸是隐身的，一个可有可无的存在。我知道这是孩子成长中的遗憾，可也无能为力，不知道该怎么做？

家长 B：在我们家，孩子爸爸是有大把的时间在家的，但是总是感觉爸爸不会和孩子亲近。我还发现，孩子爸爸和爷爷的关系也很疏离。我想或许是因为爸爸小时候没有机会学习如何和父亲亲密相处，现在也就不知道该如何和孩子亲近。我不想在我的家庭中延续这种父子相处的模式，该怎么做才能打破困局呢？

在多数家庭里，妈妈都是教育孩子的主力，爸爸的参与度则明显偏低。长此以往，容易形成“焦虑的妈妈＋缺位的爸爸＝失控的孩子”家庭模式。妈妈有无处安放的焦虑，当她关心关注孩子时，就会把焦虑传递给孩子，也会放大孩子的问题；缺位的爸爸是指爸爸在家庭教育中显著缺失，家里的父性能量不足；在这样的家庭环境里，就容易出现失控的孩子，出现心理问题或行为问题，如叛逆、厌学、网瘾、自残等。

再好的母亲也不能代替父亲。孙云晓提到，父亲参与孩子的教育至少有三大优势：一是性别之育，一个健康的父亲角色的存在对男孩的性别塑造必不可少，女孩则通过和父亲互动来学习和异性的交往；二是规则之育，母亲会表现出更多的包容，父亲更喜欢给孩子立规矩定规则；三是运动之育，父亲在发展孩子运动兴趣、提升孩子的运动能力方面，往往比母亲更有优势。既然父亲对孩子的成长如此重要又不可替代，那妈妈就要邀请孩子的爸爸一起参与家庭教育，一起出席孩子的成长。

1. 妈妈要学会放手

一项纵向调查结果发现：父亲带大的孩子，成年后有更好的社交技能与工作能力。在家庭教育过程中，父亲的缺位易导致孩子缺乏安全感，表现出内向胆小、不愿表达，易被他人欺负，易成为校园暴力的受害者；表现出自卑敏感、情绪化、独来独往，在人际交往中不会主动结交朋友，或是沉迷网络游戏，脱离现实人际交往关系圈。

很多妈妈往往觉得自己一个人就能够把孩子教育好，不放心把孩子交给爸爸带。心理咨询师李松蔚曾说过：“丧偶式育儿”一词的背后，一方面是妈妈们都在抱怨爸爸们没有存在感，另一方面妈妈们又拒绝看到爸爸们的存在，甚至不愿意坚持让对方留下来，反倒挥挥手送他们离开。很多爸爸不是不想做，而是不知道做什么，或者不管做了什么都会被指责。育儿道路上，需要妈妈对爸爸放手，让爸爸带着孩子一起做游戏、去爬山、去户外运动。妈妈带大的孩子可能会谨慎、细致，但是也会相对胆小、懦弱，缺乏探索精神，爸爸带大的孩子就会呈现出更多的大胆，自主探索的能力也就会更强。爸爸带孩子一起玩，会让孩子体会到和妈妈不一样的感觉。

2. 妈妈要创造机会

受职业结构生存压力的影响，爸爸被视为需要承担起养家糊口的责任，所以爸爸会将更多的精力投入家庭之外的公共领域。妈妈可以邀请爸爸每天抽出一段时间来和孩子相处，虽然爸爸和孩子相处的时间不长，但是相处的质量更重要，孩子在小的时候虽然没有自理能力，但是却有极强的学习能力。爸爸的陪伴能带给孩子更多的自由、更多的创意。爸爸的陪伴，将会让男孩更像男孩，女孩更像女孩。父亲在家庭教育中的缺位，容易造成孩子性别认知上的障碍。男孩子在缺少父亲的教育时，容易缺少阳刚之气以及个人担当，性格也容易软弱，抗压能力低，甚至智商、情商、挫商都有影响，严重的可能趋向女性化。爸爸的陪伴让男孩更具有冒险、探索精神，拥有更多的自信与勇气。如果父亲在女孩子的家庭教育中缺位，可能使女孩因缺失父爱而寻找依赖感和安全感，更易出现早恋的情况。也有的女孩子因缺失了父亲的陪伴而对男性产生恐惧或抗拒的心理，会不相信异性，不知道如何和异性相处，这也会为其以后的婚恋关系埋下隐患。

3. 妈妈要学会示弱

俗话说：为母则刚。每一个成为母亲的女人都希望在照顾孩子时自己是全能的，希望自己能够把孩子照顾好，让孩子健康快乐地成长。但是在教育孩子这方面强势的母亲并不有利于孩子的成长。当孩子面对一个无所不能的人时，他只有两个选择：一是向这个无所不能的人学习，追求完美，不能容忍自己的缺点；另一个就是什么都不做了，因为这个人什么都能做。反过来，如果这个人在孩子面前有那么一点不完美，还有一点软弱，孩子就会变得宽容、坚强，主动去承担。因此在家庭教育中，妈妈学会示弱是一种教育智慧。当孩子遇到困难、出现问题时，妈妈适当示弱对孩子而言，是一种相处方式和沟通的技巧，不仅能保护孩子的天性，激发孩子的好奇心和求知欲，给予孩子更多的自由和成长空间，让孩子有更多体验探索的机会，从而让孩子感受到自我价值。

如果母亲过于强势，也会让父亲感觉很压抑，在家庭中没有话语权，在孩子心目中，父亲这一角色可有可无，会觉得父亲很没有用。所以，妈妈也要学会对爸爸示弱，这对孩子爸爸而言，能让他获得男人的尊严感，能激发他作为男人的保护欲，会主动承担起教育孩子的责任，也在孩子心目中树立了爸爸的形象和威信。因此妈妈们要学会示弱，给爸爸们独自照顾孩子的机会，尝试倾听、尊重他们在教育孩子方面的一些想法，也经常表扬他们照顾孩子的行动。只有母亲的示弱才会成就父亲的主动承担。

心理学家格尔迪说过："爸爸的出现是一种特别的存在，对培养孩子有一种特殊的力量。"现在，越来越多的父亲已经觉醒或正在觉醒，愿更多的中国父亲可以觉醒，参与到养育孩子的事业当中来。也愿中国妈妈学会放手，让家庭中爸爸能够更有办法带孩子，让孩子能更独立、更自信。

50 祖辈带大的孩子与父母关系疏离，怎么办？

困惑打卡

当下的家庭中，很多孩子由祖辈带大，从小带到上小学甚至上初中，其间跟父母真正生活在一起的时间很短。这样的孩子往往跟祖辈的感情特别好，和父母的关系则比较淡漠，像是隔着什么总也亲近不起来，甚至孩子和父母不像是父子母子的关系，更像是亲戚关系。怎么做才能打破父母和孩子之间的亲情壁垒呢？

家长心声

家长 A：我们家囡囡从小被寄养在外婆家，6 岁时回到我们的家，但总觉得好像孩子不属于这个家，与我们的关系很冷淡。我也曾主动示好，但她表现得很反感。说我的做法让她很有压力。虽然她渴望被我们关爱，却又特别抗拒我们靠近。现在，孩子似乎也很难与同学培养亲密的友情，看着她独来独往的身影，我真的很心疼。该怎么做才能唤醒孩子内心爱的感觉呢？

家长 B：孩子从小和爷爷奶奶住在一起，直到初一才带回来跟着我们生活。不知道是不是和我们分离的时间太长，感觉这孩子跟我们一点不近乎。孩子觉得爷爷奶奶的家才是她的家，既温暖又放松自在。在我们家里时反而像个客人，总是客客气气的，有话也不跟我们说。有好东西也总想着要送给爷爷奶奶。每当我们想给她买点东西增加点亲密度时，她总是表现得很矛盾，一方面想要东西另一方面又很排斥我们的亲近。怎样做才能让我们之间的亲情自然流动起来呢？

现在，许多小夫妻双方的工作比较忙，没时间照顾孩子，很多孩子是由爷爷奶奶或者是外公外婆带大的。孩子从小跟着老人长大，与作为主要抚养人的老人在情感上更加亲近，对爸爸妈妈却慢慢疏远。此时，孩子和父母之间的依恋关系已经出现了问题。有心理学家曾经提出，一个长时间与父母分离的孩子大多会经过三个心理期：反抗、绝望、疏离。第一个阶段是反抗：见不到母亲，孩子会通过哭泣、黏人、尖叫来表达自己的愤怒。这个阶段，孩子害怕、迷茫，到处寻找母亲，精神高度紧张。第二个阶段是绝望：孩子变得无精打采，对周围事物丧失兴趣，没有什么食欲，偶尔会平静地哭泣。此时孩子思念母亲，但对见到母亲的期待正逐渐流失。最后一个阶段是疏离：孩子似乎接受了现实，看起来乖多了，不吵不闹，还会对人微笑，胃口也变好了。这时，孩子好像恢复了正常，但其实，他在心底已彻底放弃了对母爱的渴求。只有如此，孩子内心才不再痛苦。很多父母发现被迫分离的孩子，狠心让他哭几天，就会恢复正常，其实这个正常只是表象，孩子内心的痛苦和绝望是看不见的，这种伤痛甚至会伴随孩子的一生，阻碍他与人建立正常的情感连接。

如果你已经与孩子分离，如果对孩子已经造成了伤痛，有没有办法来补救呢？那就需要用爱去唤醒爱，让孩子内心的坚冰慢慢融化，这是一个长期的反复的过程。

1. 分离创伤的修复需要一个过程

精神分析思想家安德烈·格林提出过一个名词“死亡母亲综合征”，认为婴幼儿如果与母亲没能建立起亲密关系，母子之间缺少情感和情绪的连接，婴幼儿就会陷入强烈的“存在焦虑”，更为可怕的是童年的“焦虑感”往往会伴随着孩子一生。它会诱使孩子陷入“所有人对我都是无意义的，人与人之间不存在真实情感”之中。孩子的心理防线过高，不轻易信任别人，不敢对他人托付真心，甚至难以与别人建立起亲密关系，在社交关系中存在着阻碍。

因此，当孩子与父母重聚后，他会偷偷地观察，不断地确认，自己是否可以再次交出情感，给予信任。当获得充分的爱，孩子会由漠然变得焦虑和烦躁，特别黏母亲（或父亲），并任性发脾气，挑战父母底线。此时，我们要明白孩子的无理取闹是在发泄内心的痛苦，发泄被抛弃的恨意。只有当淤积的恨被清除，他才能再次找回爱的能力。这时需要父母给予孩子足够的包容，不断告诉孩子爱他不再离开他，如此孩子的内在安全感才会得以重建。待孩子慢慢放下戒备，就会再次接受母亲和父亲，而真正建立起爱的连接。

2. 与孩子共享“专属时间”

心理学家做过一个恒河猴实验，把刚出生的幼猴和猴妈妈分开。幼猴被安放在用铁丝做成的猴妈妈和用布料做成的猴妈妈中间，并在铁丝猴妈妈那挂着冲好奶的奶瓶，而布料猴妈妈那什么都没有。原以为小猴子会遵循本能，去铁丝猴妈妈那喝奶。但实验发现，小猴子除了饥饿难忍的时候会靠近铁丝猴妈妈，其余时间都待在布料猴妈妈那里。尤其当幼猴受到外界的“恐吓”时，它会直接躲进布料猴妈妈的怀里。

这个实验的教育启示是，在孩子幼年时期，他们会更希望能在母亲那获得温暖、关爱和呵护，而不是冷冰冰的喂养。而那个布料猴妈妈虽然给予了幼猴需要的温暖，但它无法与小猴之间有亲密的互动、温暖的抚触，这导致了小猴子后来出现自闭、焦虑、抑郁、感情冷漠、共情能力差等不同程度的心理问题。这种心理问题在一些从小缺失母亲关怀的孩子们身上也会发生，孩子情绪不稳定，等他们长大以后有了自己的孩子，也会对孩子实施“冷暴力”。心理学家认为，“从小没被妈妈好好爱过的孩子，长大以后往往也不懂得如何去爱人”。

父母决定要与孩子修复关系，可以安排一段不长但有保证的“专属时间”陪伴孩子。安排专属时间就意味着，在这一段时间里，父母唯一要做的一件事情就是陪伴孩子，带着孩子出去散心，或者与孩子一起参加户外活动，还可以和孩子一起画画、看书。只要是孩子喜欢的可以促进亲子关系的活动，就都可以安排进来。安排专属时间，一方面可以提高父母陪伴孩子的质量，让孩子感受到父母全身心的陪伴，另一方面，也会让孩子明白虽然父母工作很忙，但是依旧愿意陪伴自己，这样可以让孩子感受到自己的重要性，明白自己并没有被父母抛弃，自己是被父母爱着的。

3. 给孩子一段适应的时间

脑神经科学已证实，早期情感发育不良，会直接损害大脑的正常发育，使其结构异常，造成无法逆转的病理性改变。对于孩子来说，三岁之前就是大脑发育的关键时期，这个时期父母对于孩子的陪伴，在情感上是至关重要的。电影《约翰》真实记录了17个月大的约翰离开母亲后产生的一系列情绪变化。约翰所在的寄宿式保育院条件完备，老师也尊重孩子，但找不到母亲的约翰，感到迷茫和无助。没过几天，约翰不再接受任何互动，开始拒绝吃东西。第5天到第8天，约翰真的没有再吃东西。直到妈妈出现，要带他回家，约翰号啕大哭不肯看妈妈的脸，也不接受她的安慰和拥抱。回家后的约翰持续冷漠，对妈妈无回应无需求。孩子违背本性，抗拒母爱，漠视母亲，这是反常的。反常的行为背后，必然存在着反常的心理。幼儿被剥夺母爱时的痛苦，相当于成人面对亲人死去时的悲痛。孩子和母亲长时间的分离对孩子造成的心理创伤也需要长时间才能修复，正如心理学家阿德勒所说："幸福的童年治愈一生，不幸的童年需要一生去治愈。"

孩子刚刚与父母一起生活，很多生活习惯不太一样，需要一段时间来适应。很多孩子从老人那里回到父母身边，几乎与父母都是零交流。如果父母经常批评孩子，孩子会因此产生逆反心理，想再次回到老人身边。与其要求孩子尽快适应，不如给予彼此一段时间，互相了解彼此的生活习惯、性格脾气。在了解孩子的基础上，如果发现孩子有什么不好的行为习惯，再积极引导，而不是一味地指责孩子，或强行要求孩子要按照自己的要求做，那样只能让孩子与父母不那么亲近的心再次远离。

每个孩子给父母的都是百分百的信任和爱，我们不要辜负孩子的爱，不要在孩子需要父母的时候将他推开。他会因此愤怒，会无意识地斩断与父母乃至与这个世界的情感链接，陷入孤独之中。其实，孩子可能会比妈妈还迫切地希望能和妈妈亲近。只要妈妈付出无条件的爱，这个问题就会得到解决。